2023

中国零售业

发展报告

李殿禹 ◎ 主编

中国商业联合会

中华全国商业信息中心

中国商业出版社

《2023 中国零售业发展报告》
编 委 会

主 编：李殿禹

副主编：曹立生

编 辑：王 欢 朱 宝 殷 夏 蒋慧芳

前　　言

2022 年是党和国家历史上极为重要的一年。党的二十大胜利召开，描绘出一幅全面建设社会主义现代化国家、以中国式现代化全面推进中华民族伟大复兴的宏伟蓝图。面对国内外多重超预期因素冲击，以习近平同志为核心的党中央团结带领全国各族人民迎难而上，全面落实新冠疫情要防住、经济要稳住、发展要安全的要求，高效统筹新冠疫情防控和经济社会发展，果断加大宏观政策实施力度，实现国内经济平稳增长、货物进出口规模再创新高、物价涨幅平稳可控、居民收入持续增长等来之不易的经济社会成果。

2022 年，相比生产、投资、出口，我国消费品市场受新冠疫情影响更为明显，但在全国经济总量持续增长，居民收入水平稳步提升的基础上，2022 年我国消费品市场整体规模保持稳定，居民消费长期向好趋势没有改变，新型消费模式较快发展，实体零售数字化转型不断推进，乡村市场消费潜力持续释放，基本生活类商品零售保持平稳增长，绿色消费、文化消费市场增势良好。

党的十八大以来，我国超大规模市场优势持续发挥，居民多样化、个性化、品质化消费持续增加，服务消费需求持续释放，营商环境明显改善。特别是随着云计算、大数据、物联网、移动互联网等新一代信息技术广泛、深入应用，我国流通方式加快实现数字化转型，商业体系建设不断加强，新型消费快速增长。最终消费支出对经济增长的年均贡献率超过 50%，消费对经济增长的基础性作用进一步凸显，扩内需、促消费持续成为构建新发展格局的重要抓手。

2023 年是全面贯彻党的二十大精神的开局之年，是新一届政府执政的起始之年，是实施"十四五"规划承前启后的一年，也是统筹新冠疫情防控和经济社会发展取得重大决定性胜利后，全面恢复经济增长、持续推进经济高质量发展的关键之年。今年的经济发展必将以稳字当头、稳中求进，在各类政策协调配合的推动下，实现质的有效提升和量的合理增长。着力扩大国内需求是今年政府工作的首要任务，恢复和扩大消费又摆在扩大内需战略中的优先位置，因此，在国内生产总值增长5%左右、居民消费价格上涨3%左右、居民收入增长与经济增长基本同步、城镇新增就业达到1200万人左右的基础上，居民消费能力、消费信心、消费意愿都将得到有效提升。随着营商环境持续改善、住房需求有效满足、大宗消费保持增长、新型消费快速壮大等有利因素不断积累，我国消费品市场有望加快恢复速度，社会消费品零售总额预期将实现6%左右的增长。

编 者
2023 年 6 月

目　　录

第一部分　2022 年我国宏观经济运行情况

　　2022 年，我国经济总量再上新台阶，经济增速领先其他主要经济体。其中，工业稳增长作用凸显，制造业水平持续提升，进出口总额再创新高，基础设施投资、制造业投资保持较快增长，居民消费价格温和上涨，居民收入增速与经济增速基本同步。

一、国民经济总量持续扩大

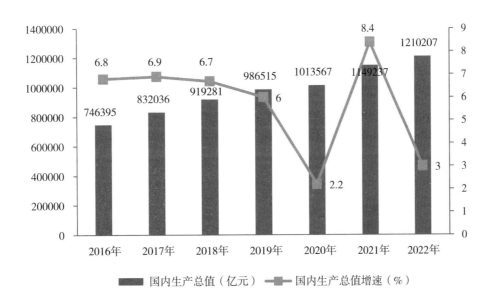

图 1-1　2016—2022 年我国 GDP 增长情况

数据来源：国家统计局。

2022 年，我国 GDP 实现 121 万亿元，较 2021 年增长 6.1 万亿元，经济总量再上新台阶。按年平均汇率折算，我国经济总量达 18 万亿美元，稳居世界第二位。扣除价格因素，GDP 实际增长 3%，增速虽然较 2021 年有所放缓，但这是在顶住国内外多重超预期因素冲击下取得的坚实的经济成果，也领先于世界经济体量排名靠前的其他主要经济体。

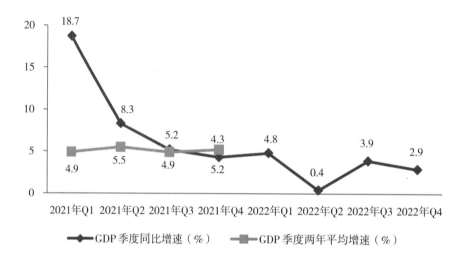

图 1-2 2021—2022 年各季度我国 GDP 增长情况

数据来源：国家统计局。

从 2022 年各季度的经济增长情况来看，一季度 GDP 同比实际增长 4.8%，延续了 2021 年的良好态势。二季度受国内新冠疫情反弹、国际形势错综复杂等因素影响，增速下滑至 0.4%。面对困难局面，党中央、国务院果断决策，及时出台稳经济一揽子政策和接续措施，各地区、各部门更好统筹新冠疫情防控和经济社会发展，三季度经济增速回稳至 3.9%。四季度尽管新冠疫情冲击再度加大，但在各方面共同努力下，总体延续恢复态势。

二、第二产业增加值占比有所提升

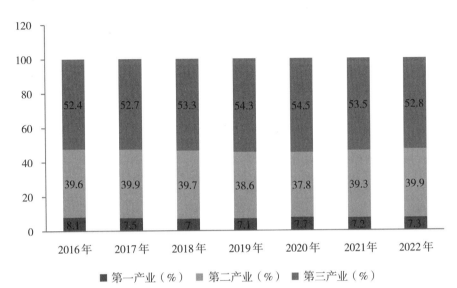

图 1-3 2016—2022 年我国三产增加值占比

数据来源：国家统计局。

2022 年，工业"压舱石"作用凸显，全部工业增加值首次超过 40 万亿元，推动第二产业增加值占比达到 39.9%，高于 2021 年 0.6 个百分点。其中，制造业增加值达 33.5 万亿元，产业总量继续位居世界首位，制造业新动能不断增强，规模以上高技术制造业增加值比上年增长 7.4%，新能源汽车、太阳能电池、工业机器人等产品产量分别增长 90.5%、46.8%、21.0%。

三、货物进出口规模再创新高

2022 年，货物进出口总额首次突破 40 万亿元大关，达到 42.1 万亿元，同比增长 7.7%，在高基数上实现了新突破。其中，出口为 24.0 万亿元，折合 3.6 万亿美元，同比增长 7%；进口为 18.1 亿元，折合 2.7 万亿美元，同比增长 1.1%。

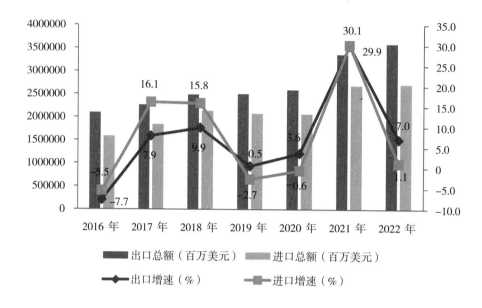

图 1-4 　2016—2022 年我国进出口增速

数据来源：海关总署。

四、固定资产投资保持平稳增长

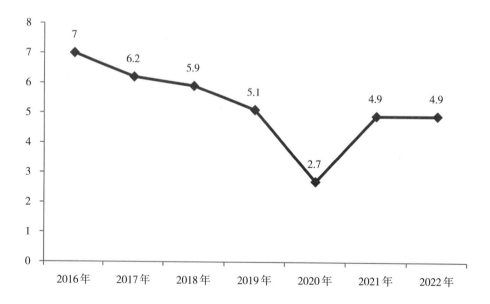

图 1-5 　2016—2022 年全社会固定资产投资增速（％）

数据来源：国家统计局。

2022年，全社会固定资产投资达到58.0万亿元，比上年增长4.9%，增速与2021年持平。其中基础设施、制造业投资分别增长9.4%、9.1%，带动固定资产投资增长5.1%。房地产开发投资同比下降10%，增速回落幅度较大。

五、消费价格涨势温和

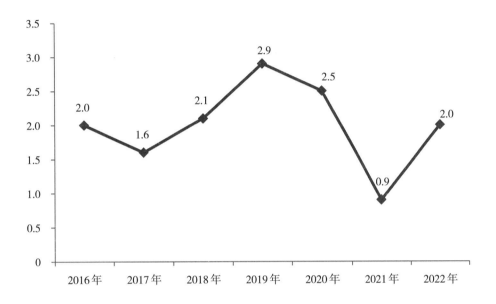

图1-6 2016—2022年居民消费价格涨幅（%）

数据来源：国家统计局。

2022年，我国居民消费价格比上年上涨2%，涨幅比上年提高1.1个百分点，低于3%左右的预期目标，不仅大幅低于美国8.0%、欧元区8.4%、英国9.1%等发达经济体的涨幅，也明显低于印度、巴西、南非等新兴经济体6%~10%的涨幅。

其中，食品烟酒类、衣着类、生活用品及服务类、交通和通信类、医疗保健类居民消费价格涨幅高于上年，而居住类、教育文化和娱乐类居民消费价格涨幅有所回落。

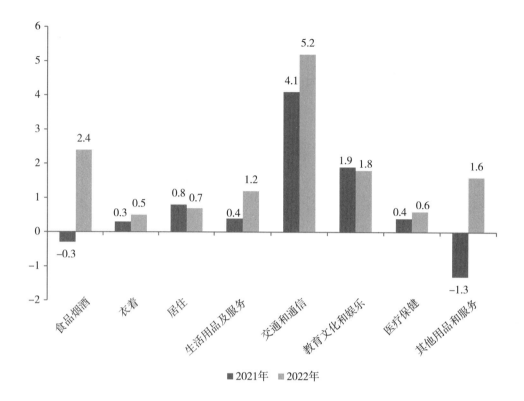

图 1-7　2021—2022 年八大类居民消费价格涨幅（%）

数据来源：国家统计局。

六、居民收入增长与经济增长基本同步

2022 年，全年全国居民人均可支配收入 36883 元，同比增长 5.0%，扣除价格因素，实际增长 2.9%，居民收入实际增速与 GDP 增速基本同步。

全年全国居民人均消费支出 24538 元，同比增长 1.8%，扣除价格因素，实际下降 0.2%。其中，人均服务性消费支出 10590 元，比上年下降 0.5%，占居民人均消费支出的比重为 43.2%。

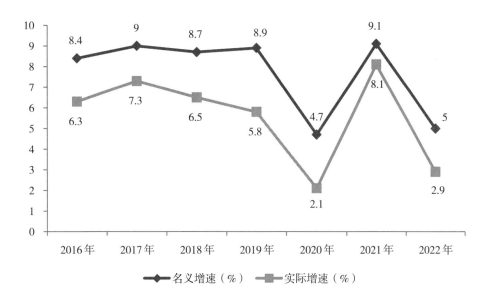

图 1-8 2016—2022 年我国居民人均可支配收入增长情况

数据来源：国家统计局。

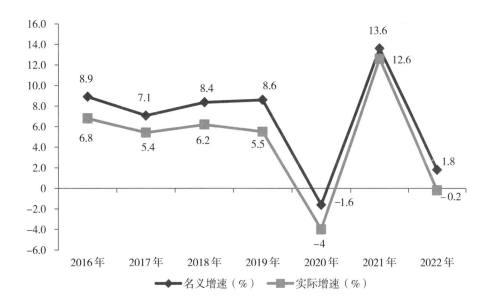

图 1-9 2016—2022 年我国居民人均消费支出增长情况

数据来源：国家统计局。

第二部分 2022 年我国消费品市场运行情况

一、2022 年我国消费品市场运行分析

2022 年，尽管新冠疫情对我国消费品市场造成了较大冲击，但随着扩内需、促消费政策显效发力，新冠疫情防控优化调整措施落实、落细，我国消费品市场整体规模保持稳定，超大市场规模优势依然明显，居民消费长期向好的趋势没有改变，新型消费模式较快发展，实体零售数字化转型不断推进，乡村市场消费潜力持续释放，基本生活类商品零售保持平稳增长，绿色消费、文化消费市场增势良好。

（一）消费品市场受新冠疫情冲击较为明显

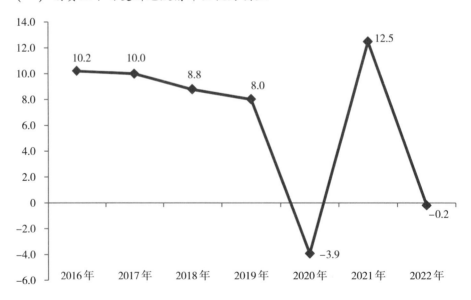

图 2-1　2016—2022 年社会消费品零售总额增速（%）

数据来源：国家统计局。

2022 年，我国社会消费品零售总额实现 44 万亿元，同比下降 0.2%，增速较 2020 年、2021 年两年平均放缓 4.1 个百分点。

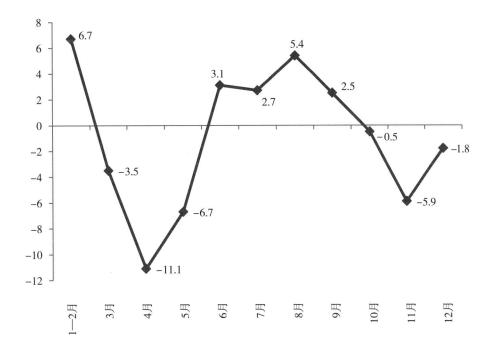

图 2-2 2022 年社会消费品零售总额月度同比增速（%）

数据来源：国家统计局。

从分月度来看，1—2 月，消费品市场迎来开门红，社会消费品零售总额同比增长 6.7%。3—5 月，本土新冠疫情多发、频发，居民外出购物、就餐减少，非生活必需类商品销售和餐饮收入受到明显冲击，社会消费品零售总额同比分别下降 3.5%、11.1%、6.7%。6—9 月，全国新冠疫情防控形势好转，促进新能源汽车、绿色家电等重点领域消费举措持续显效，社会消费品零售总额同比分别增长 3.1%、2.7%、5.4%、2.5%。10—11 月，多地新冠疫情出现较大反弹，社会消费品零售总额同比分别下降 0.5%、5.9%。12 月，随着稳经济各项政策和新冠疫情防控优化调整措施落实、落细，市场销售有所改善，社会消费品零售总额降幅收窄至 1.8%。

（二）实物商品网上零售额占比有所提升

在直播电商、无接触服务等新型消费模式稳步发展的推动下，网上消费实现较快增长。2022年，实物商品网上零售额同比增长6.2%，增速快于社会消费品零售总额6.4个百分点，其中，吃类、穿类、用类同比分别增长16.1%、3.5%和5.7%。此外，由于新冠疫情对线下消费场景的冲击较大，线下商品零售额有所回落，进一步加大了网上消费占比提升幅度，实物商品网上零售额占社会消费品零售总额的比重达到27.2%，比上年提高2.7个百分点。

图2-3 2016—2022年我国实物商品网上零售增速及占比情况

数据来源：国家统计局。

（三）商品零售保持正增长

在基本生活类商品零售保持平稳增长、居民品质升级、绿色升级类需求持续释放、石油及制品、汽车等大宗商品消费保持正增长等因素的推动下，2022年，商品零售同比增长0.5%，增速快于社会消费品零售总额0.7个百分点。餐饮收入在受居民出行不便、社交活动减少的影响下，同比下降6.3%。

部分实体零售业态持续推进数字化转型升级，不断拓展消费场景、提升消费体验，推动限额以上零售业实体店商品零售同比增长 1%，其中，生活必需品供应更为集中的便利店、超市商品零售额分别增长 3.7% 和 3%，品质化升级类消费相对较多的专业店、专卖店商品零售额分别增长 3.5% 和 0.2%。

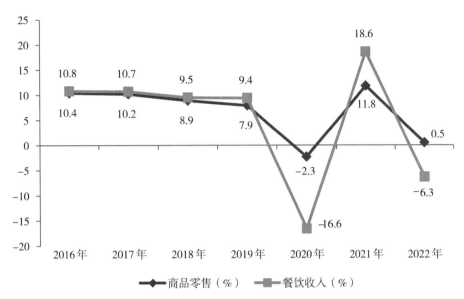

图 2-4　2016—2022 年我国商品零售和餐饮收入增长情况

数据来源：国家统计局。

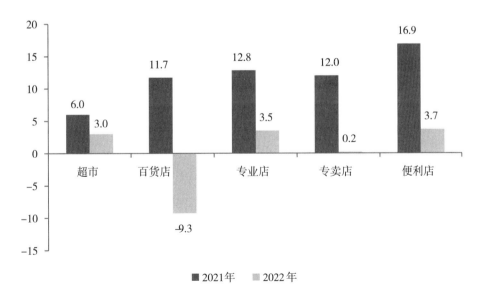

图 2-5　2021—2022 年限额以上单位各零售业态零售额增长情况（%）

数据来源：国家统计局。

（四）乡村市场运行情况好于城镇

2022 年，乡村消费品零售额与上年基本持平，城镇消费品零售额同比微降 0.3%。

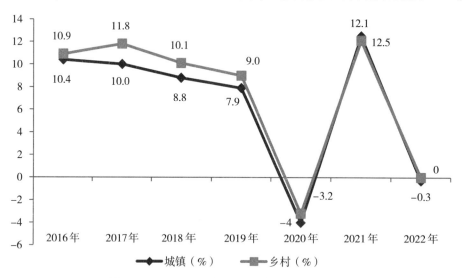

图 2-6　2016—2022 年城乡消费品市场增长情况

数据来源：国家统计局。

从分月度来看，1—5 月、10—12 月乡村消费品市场增速均快于城镇 1 个百分点左右，6—9 月新冠疫情影响较小的时期，城镇消费品市场增速快于乡村。

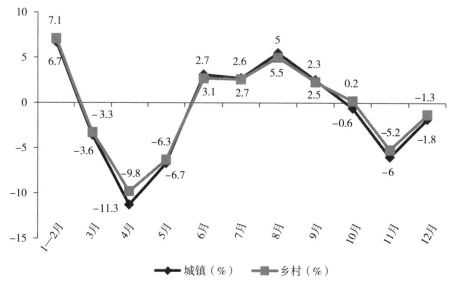

图 2-7　2022 年城乡消费品市场各月同比增速

数据来源：国家统计局。

（五）限额以上单位六类商品零售额实现正增长

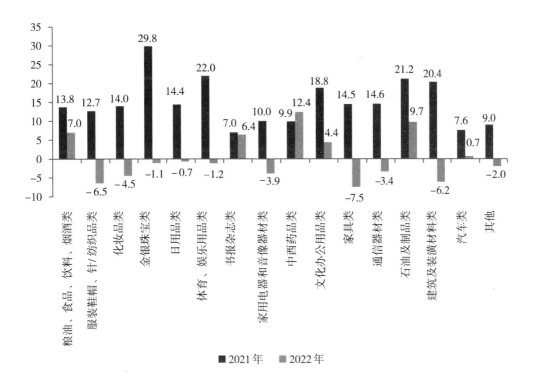

图 2-8　2021—2022 年我国限额以上单位各商品类值零售额增长情况（%）

数据来源：国家统计局。

限额以上单位商品类值中，与新冠疫情相关的中西药类零售额同比增长12.4%，增速最高。油价上涨推动石油及制品类零售额同比增长9.7%。居民基本生活消费实现较快增长，粮油、食品、饮料、烟酒类零售额同比增长7%。文化类消费保持良好的增长势头，书报杂志类和文化办公用品类零售额分别增长6.4%和4.4%。新能源汽车快速普及，推动汽车类零售额保持正增长。

（六）全国重点大型零售企业零售额下降

根据中华全国商业信息中心的统计数据，2022年，以百货业态为主的全国重点大型零售企业零售额同比下降12.8%。

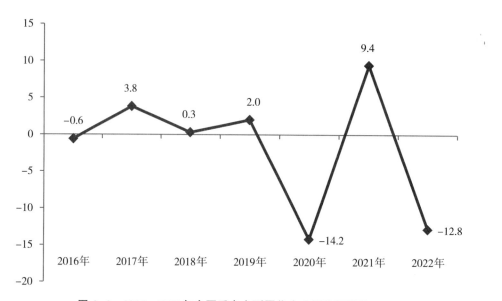

图 2-9 2016—2022 年全国重点大型零售企业零售额增速（%）

数据来源：中华全国商业信息中心。

其中，粮油、食品类和金银珠宝类零售额同比分别下降 3.7% 和 4.5%，降幅相对较低。服装类、化妆品类、日用品类零售额均出现两位数降幅。

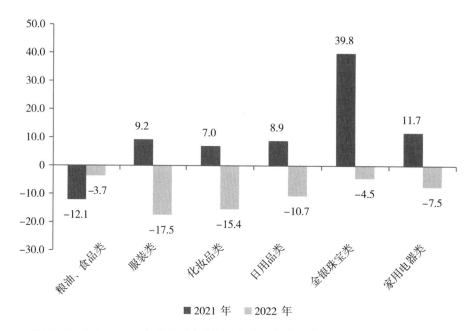

图 2-10 2021—2022 年全国重点大型零售企业各类别商品零售额增长情况（%）

数据来源：中华全国商业信息中心。

二、2022 年我国主要商品消费市场运行情况——服装市场

2022 年，春季、秋季新冠疫情多点散发，给服装消费市场带来较大冲击。线下消费场景受损，实体店服装销售出现回落。网上"穿"类商品零售额实现正增长，但增速较 2021 年有所放缓。尽管 2022 年服装消费市场下行压力加大，但其高质量发展的步伐依然坚定，市场中依然可以呈现出网购模式不断创新完善，户外运动品牌消费实现较快增长，年轻化、个性化消费趋势明显，可持续时尚消费理念不断深化，细分场景结合细分功能成为创新热点等一系列亮点，给予人们对新一年服装消费市场提质增量的希望。

2022 年 12 月召开的中央经济工作会议，把着力扩大国内需求放在 2023 年经济工作的首要任务，提出要增强消费能力，改善消费条件，创新消费场景，这极大地增强了消费品市场恢复增长和高质量发展的信心。在各地、各部门高效统筹新冠疫情防控和经济社会发展，切实抓好稳经济各项政策举措落实的推动下，2023 年服装消费特别是线下服装消费市场将有望恢复正增长，且呈现出服装消费的品牌、价位、时间将更加集中，元宇宙时尚将得到市场更多关注，国潮品牌将巩固壮大其全球市场份额、服装企业将从多维度提高品牌忠诚度等发展趋势。

（一）2022 年我国服装消费市场运行情况

2022 年，在各品类商品零售市场中，服装市场受到新冠疫情冲击的影响相对较大，其中，又以可选商品消费为主的百货店服装销售最为明显，以百货业态为主的全国重点大型零售企业服装零售额不及上年同期。网上服装消费受新冠疫情影响远小于实体店，网上"穿"类商品零售实现同比正增长，但增速较 2021 年有所放缓。从全年运行情况来看，服装市场在春季和秋季的下行压力较为明显，主要原因是这两个季度我国新冠疫情出现反复，影响人们正常的外出活动和社交需求。虽然服装销售的总量受到影响，但品牌消费更加集中，且原材料等成本较 2021 年有所上涨，推动 2022 年服装消费均价持续提升。

1. 新冠疫情反复持续影响服装消费市场

（1）服装消费降幅较大

2022 年限额以上单位服装商品零售额规模较 2021 年有所下降，国家统计局数据显示，2022 年，限额以上单位服装类商品零售额实现 9222.6 亿元，较 2021 年同期下降 7.7%，低于限额以上单位商品零售平均增速 9.6 个百分点。尽管 2022 年服装零售额同比出现负增长，但相比 2020 年增长 4.5%，反映出在服装品牌、零售渠道的积极应对和灵活调整下，服装市场的发展韧性有所增强。

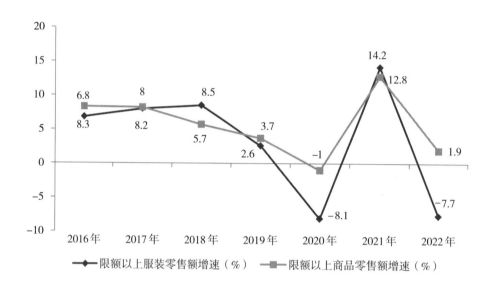

图 2-11　2016—2022 年限额以上单位服装商品零售额增速

数据来源：国家统计局。

（2）服装消费价格持续小幅上涨

在原材料、人工等成本价格上涨，消费品质提升，品牌高端化等因素推动下，服装消费价格实现持续小幅上涨。2022 年，服装消费价格同比上涨 0.6%，涨幅较 2021 年提高 0.2 个百分点，但低于居民消费价格平均涨幅 1.4 个百分点。

2. 实体店服装消费受到较大冲击

（1）实体店消费受损程度较大

经测算，2022 年，网下商品零售额同比下降 1.8%，增速较 2021 年大幅回落

13.5 个百分点，低于商品零售额增速 2.3 个百分点。

图 2-12　2016—2022 年服装类居民消费价格涨幅

数据来源：国家统计局。

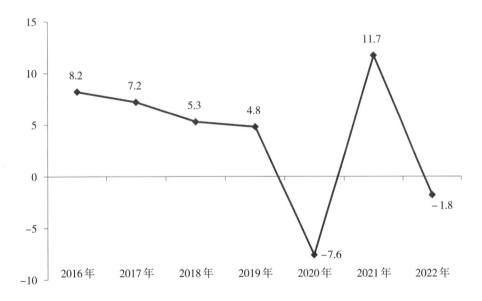

图 2-13　2016—2022 年网下商品零售额增速（%）

数据来源：国家统计局。

2022 年，以可选商品消费为主的百货店受到新冠疫情冲击最为明显，限额以上零售业单位中的百货店零售额同比下降 9.3%，而超市、便利店、专业店零售额均为正增长。2022 年，以百货业态为主的全国重点大型零售企业的零售额同比下降 12.8%，增速较 2021 年大幅回落 22.2 个百分点。

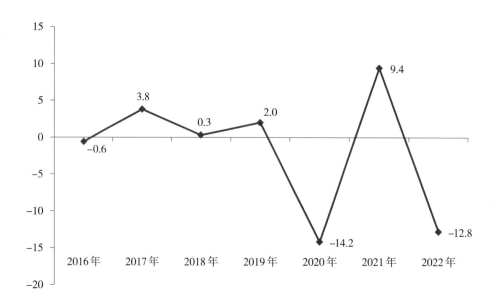

图 2-14　2016—2022 年全国重点大型零售企业零售额增速（%）

数据来源：中华全国商业信息中心。

（2）全国重点大型零售企业服装销售遇冷

2022 年，全国重点大型零售企业服装零售额同比下降 17.5%，大于全国重点大型零售企业商品零售额降幅 4.7 个百分点。

其中，男装、女装和童装零售额同比分别下降 19.2%、21.9%、16.3%。因消费者外出场合减少，社交需求降低，女装增速回落幅度较大。

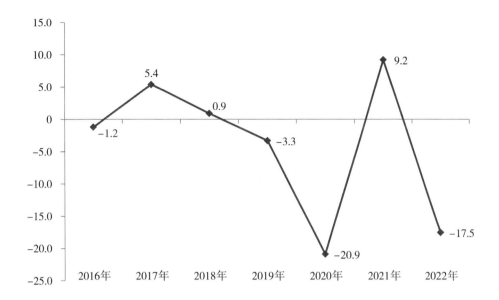

图 2-15 2016—2022 年全国重点大型零售企业服装零售额增速（%）

数据来源：中华全国商业信息中心。

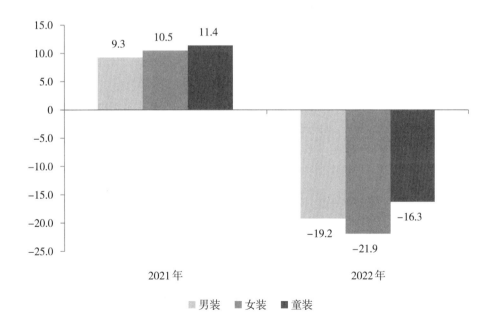

图 2-16 2021 年、2022 年全国重点大型零售企业男装、女装、童装零售额增速（%）

数据来源：中华全国商业信息中心。

2022 年，全国重点大型零售企业服装零售量同比下降 18.6%。其中，T 恤衫、防寒服销量降幅相对较小。

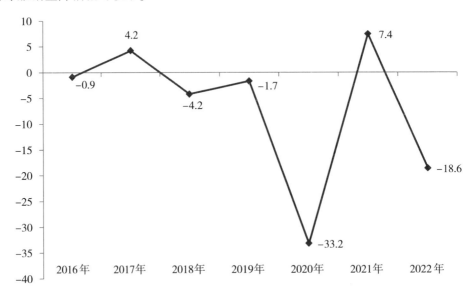

图 2-17　2016—2022 年全国重点大型零售企业服装零售量增速（%）

数据来源：中华全国商业信息中心。

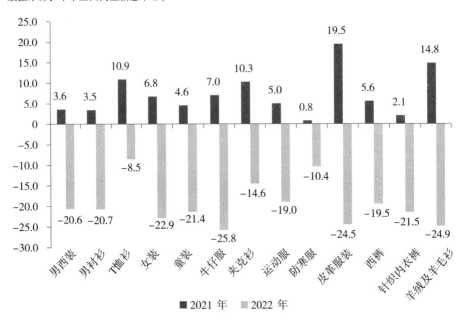

图 2-18　2021 年、2022 年全国重点大型零售企业各品类服装零售量同比增速（%）

数据来源：中华全国商业信息中心。

（3）全国重点大型零售企业服装消费均价持续上涨

尽管大型零售企业服装消费总量有所回落，但服装消费更加集中在中高档品牌，大型零售企业的服装消费均价呈现出持续上涨态势，2022年，全国重点大型零售企业服装消费均价同比上涨 1.3%。

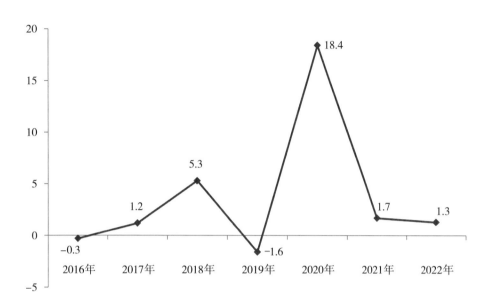

图 2-19 2016—2022 年全国重点大型零售企业服装消费均价涨幅（%）

数据来源：中华全国商业信息中心。

（4）各品类服装前十品牌市场集中度普遍提高

受新冠疫情冲击，实体店服装消费减少，且部分服装品牌消费向线上转移，导致实体店品牌消费更加集中。根据中华全国商业信息中心统计，2022 年，男西装、男衬衫、夹克衫、羊毛衫、女性内衣、运动服、童装、羽绒服、皮革服装的前十品牌市场集中度均高于 2021 年。

3. 网上"穿"类商品零售增速放缓

（1）网上商品零售增速放缓

2022 年，实物商品网上零售额实现 119642 亿元，同比增长 6.2%，增速快于商品零售 5.7 个百分点，快于网下商品零售额 8 个百分点，但较 2021 年放缓 5.8 个百分点。实物商品网上零售额占社会消费品零售总额的比重达到27.2%，较2021年提高2.7个百分点。

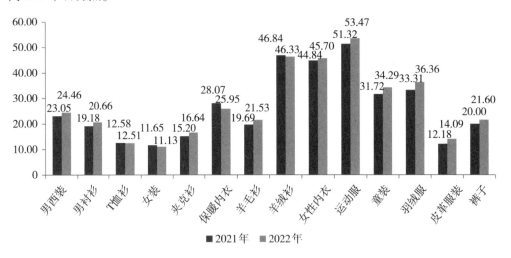

■ 2021年 ■ 2022年

图 2-20　2021 年、2022 年全国重点大型零售企业各服装品类前十品牌市场综合占有率（%）

数据来源：中华全国商业信息中心。

（2）网上"穿"类商品零售增速放缓

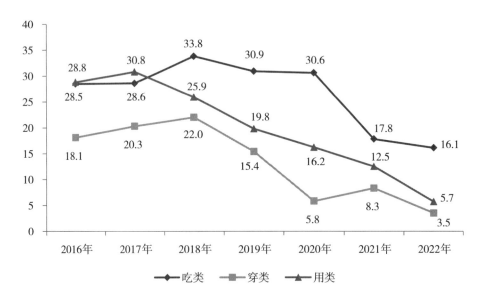

◆ 吃类　■ 穿类　▲ 用类

图 2-21　2016—2022 年网上吃、穿、用类实物商品零售额增速（%）

数据来源：国家统计局。

2022年，"穿"类商品网上零售额同比增长3.5%，增速较2021年放缓4.8个百分点。"用"类商品网上零售同比增长5.7%，增速较2021年放缓6.8个百分点。"吃"类商品网上零售同比增长16.1%，增速较2021年放缓1.7个百分点。相比之下，"吃"类商品零售增速高，放缓幅度相对较小。而在居民消费更加谨慎的情况下，"穿"类商品零售增速相对较低。

4. 春季、秋季服装市场下行压力较大

服装消费与新冠疫情起伏情况密切相关。1—2月，服装市场迎来开门红，限额以上单位服装零售额同比增长3.7%。3—5月，上海暴发新冠疫情期间，限额以上单位服装零售额连续负增长，且降幅在4、5月超过两成。6—8月，夏季新冠疫情有所缓解，服装市场恢复活力，连续三个月实现正增长。进入9月后，多地新冠疫情出现反复，特别是11—12月确诊病例增多，使得限额以上单位服装零售额降幅有所扩大。

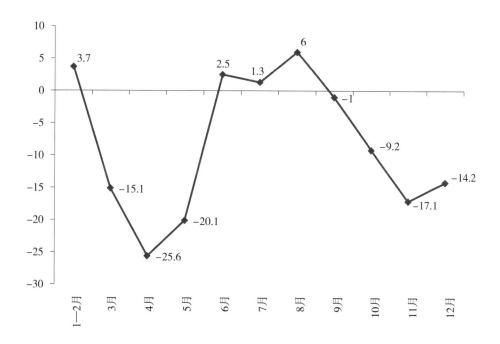

图 2-22　2022年各月限额以上单位服装商品零售额同比增速（%）

数据来源：国家统计局。

重点大型零售企业服装销售趋势与限额以上单位服装零售趋势基本一致。1—2 月，重点大型零售企业服装零售额同比增长 6.7%。但进入 3 月以后，服装零售额、零售量骤然下降。6 月以后，降幅逐渐收窄，8 月服装零售额重回正增长。但 9—12 月，重点大型零售企业服装销售再次遇冷。

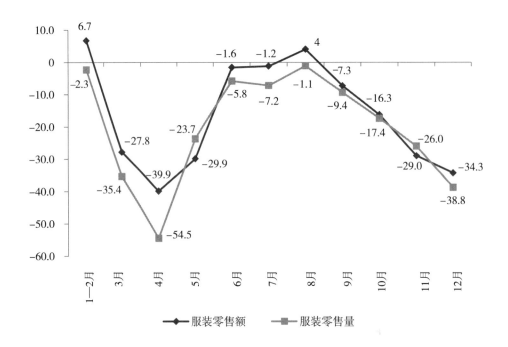

图 2-23　2022 年各月全国重点大型零售企业服装零售增速（%）

数据来源：中华全国商业信息中心。

（二）2022 年我国服装市场消费特点

2022 年，从新冠疫情对服装市场的影响角度来看，服装消费呈现两个特点：一是网购服装成为主流的服装消费习惯之一，线上内容平台也成为消费者获取时尚资讯、服装搭配建议等影响购买决策的重要信息来源，在实体店消费场景受损的情况下，网上服装消费对市场的重要意义进一步凸显。二是健康成为人们的重点需求，居民运动从传统的健身活动升级到马拉松、滑雪、户外等更加多元化、专业化的运动项目，推动户外、运动品牌服饰消费实现较快增长。从新时代消费理念变化的角度来看，服装消费也呈现出两个特点：一是各年龄层消费者的服装需求均呈现出年轻化、个性化、国际化的发展趋势，在此推动下，服装品牌营销呈现出将潮流、理念、内容、性价比相融合的发展特点。二是年轻消费者对绿色、环保、可持续的认同度不断提升，服装品牌不断地为消费者提供更加舒适、健康、环保的可持续时尚价值。从产品创新角度来看，消费者越发理性、务实，服装新品主要围绕细分场景、细分功能开拓新面料、新功能，以此带动消费者的购买热情。

1. 网购平台成为服装消费的主流渠道之一

在网购用户规模不断扩大、网上消费行为日渐成熟、网上零售模式持续创新等多因素的推动下，网购服装成为主流的服装消费习惯之一，网上消费对服装消费市场的拉动作用不断凸显。根据中国消费者协会的相关调查数据显示，受新冠疫情影响，线上消费越发受到消费者欢迎。其中，近6成的受访消费者表示线上消费超过线下消费，70.6%的消费者表示线上消费的比例较新冠疫情前有所提升。根据艾媒咨询数据显示，2022年，消费者选择线上渠道购买服饰产品的比例为62%，线下消费比例为38%。此外，线上内容平台也成为消费者获取时尚资讯、服装购买建议的重要渠道，根据抖音数据显示，76.8%的服饰消费者表示抖音等内容平台是他们了解时尚资讯的重要渠道之一，并且有42.6%的用户表示观看"时尚博主的搭配心得分享"会被种草并产生购买想法。

2. 户外、运动品牌服饰消费实现较快增长

一方面，健康成为居民的重点需求，居民运动意愿持续提升，并从传统的体育运动升级到马拉松、滑雪、户外等更加多元化、专业化的运动项目，由此带动户外休闲、健身运动相关消费实现较快增长。另一方面，户外、运动服饰的功能升级可以很好地满足消费者对新场景、新功能、新品质的需求，因此，近年来功能性服饰加大科技属性、功能属性的迭代速度，持续推出轻薄、防风、智能锁温、防污等新概念产品，以凸显科技感的新产品不断制造市场热点，刺激消费需求。根据2022年前三季度上市公司财报，户外、运动品牌上市公司营收实现较快增长，部分品牌实现两位数的高速增长，反映出即使在服装消费整体低迷的大环境下，户外、运动市场依然充满活力。

3. 服装消费年轻化、个性化趋势明显

我国消费者的消费理念已经发生转变，各年龄层消费者的服装需求均呈现出年轻化、个性化、国际化的发展趋势。其中，中老年群体在丰富的社会活动的推动下，自我意识快速觉醒，其服装消费已经从功能需求、价格需求转变到类似年轻人的悦己、时尚、美学等精神需求。而年轻消费者随着信息接受面的不断扩大，对服装消费的品质、个性、创新、体验、价格等要求持续提升，并希望能与品牌建立共鸣和情感连接，通过服装品牌、服装商品来表达自己的生活理念。在消费年轻化、个性化的趋势推动下，服装品牌营销呈现出将潮流、理念、内容、性价比相融合的发展特点。

4. 可持续时尚消费理念不断深化

随着碳达峰、碳中和目标要求全面融入中国经济社会发展中长期规划，以绿色、低碳为主的可持续时尚发展理念已经渗透到服装市场的研发、供给、流通、营销、需求等各个环节，对于众多立志打造国际品牌的中国服装品牌而言，可持续时尚已经成为实现高质量发展的应有之义。此外，年轻消费者对绿色、环保、可持续的认同度不断提升，根据埃森哲报告显示，83%的中国受访者认同"整个社会，包括组织和个人，都应该开始朝可持续方向转变"。43%的受访者愿意为环保产品支付溢价，且收入水平越高，为环保特质付费的意愿就越强。因此，越来越多的服装品牌不仅自身践行可持续发展理念，更是通过科技力量，为消费者提供更加舒适、健康、环保的可持续时尚价值。

5. 细分场景结合细分功能成为创新热点

三年新冠疫情使得市场需求越发理性、务实，这给服装品牌等时尚产业创新提出了较大挑战。在社交需求、时尚需求暂时受到抑制的情况下，细分着装场景结合面料、工艺、设计等功能性创新成为引爆服装消费热点，满足广大消费者实用主义与精致生活两者兼得的消费心理。例如，围绕室内运动场景，细分出瑜伽、跑步、专业训练等多个具体项目，并有针对性地推出柔软、速干、支撑性好的创新面料；围绕露营、登山、滑雪、越野等户外运动场景，细分出防寒、防风、防潮、透气、恒温等创新功能，以此带动消费者的购买热情。

（三）2023 年我国服装消费市场发展趋势展望

2023 年，稳经济、扩内需、促消费的政策力度与实施效果，以及新冠疫情的发展情况依然是影响我国服装消费的主要因素。随着中央稳经济、稳地产金融、稳预期政策陆续出台，防疫措施持续优化，我国宏观经济将呈现企稳向好的恢复势头，特别是线下消费场景将得到有效修复，有利于推动实体店服装消费早日恢复活力。值得期待的是，在传统的国内消费市场之外，服装品牌开辟了两个新维度的赛场：一是元宇宙时尚消费市场，未来在技术不断成熟、行业更加规范的促进下，元宇宙时尚将持续创造和满足虚拟社交中的审美需求、符号价值需求。二是国潮品牌加快出海步伐，通过亮相国际时装周、开设海外旗舰店、开展海外线上平台营销等多个渠道，向全球市场展现中国文化的魅力与自信。最重要的是，国产品牌亟须与健康、自然、专业等价值形成根深蒂固的联系，并通过新渠道、新科技、新场景、新思想、新文化等多维度不断地赋予消费者情感价值，以此牢牢守住品牌的顾客群体。

1. 线下服装市场元气将有所恢复

2022 年中央扎实稳住经济 33 条一揽子政策、19 项接续措施、稳地产金融 16 条等一系列稳经济、稳预期政策陆续出台，2023 年我国宏观经济将延续企稳向好的恢复势头，消费对经济发展的基础性作用将得到进一步增强。同时，随着优化防控措施的落地，线下消费场景将逐步修复，居民社交活动将有序增多，各地将高效统筹新冠疫情防控和经济社会发展，重点抓住节假日契机，通过丰富多彩的促消费活动，有力提振消费者信心，形成消费良性循环，服装消费市场将有望迎来反弹。此外，实体店更新换代力度不减，首店经济方兴未艾，营销活动创新发展，有利于推动线下服装消费市场尽快恢复往日的活力。

2. 元宇宙时尚将得到市场更多的关注

服装是具有很强符号价值的商品，而符号价值来自审美层次、社会属性、文化素养、知识内涵等多方面精神价值的认同。虚拟世界既是独立于现实世界的社交空间，又是映射出现实需求的真实存在，因此，符号价值在虚拟世界依然有市场需求。随着 5G、人工智能、增强现实、虚拟现实等数字技术走向应用，网络社交空间将被极大丰富，元宇宙正在一步步成为现实，而对应的时尚需求也将随之而来。2022

年，已经出现许多传统时尚品牌、专注虚拟时尚的独立品牌开始布局元宇宙市场，未来将有更多元宇宙服饰品牌和商品进入大众视野，颠覆人们对时尚的传统认知。与此同时，为避免虚假炒作乱象扰乱行业的健康发展，《数字化试衣—虚拟服装用术语和定义》国家标准已于2022年11月正式实施，未来也将有更多细化标准出台，为推动元宇宙时尚行业可持续发展发挥重要作用。

3. 国潮品牌将巩固、壮大全球市场份额

在中国品质、国潮特色与多元文化有机结合的促进下，国货品牌加快"走出去"的步伐，既有在纽约、巴黎、米兰、伦敦时装周闪亮登场，又有在大阪、伦敦等海外国际都市开设旗舰店，还有自创电商平台获得海外年轻消费者的青睐，以及与Facebook、YouTube等海外社交平台合作展开网络营销。国潮服装品牌在深耕时尚文化和传统文化多年后，于近年来全面出击，带动海外新消费潮流，不仅在国际市场占据一席之地，更是向世界展现了中国文化的魅力。2023年，多家机构预测海外需求将有所回落，这对中国制造业出口来说将产生一定的冲击。但对于国潮品牌而言，走出去的不仅是商品，更是品牌和文化，因此，市场上将出现更多有底蕴的国潮品牌加入国潮出海的行列，进一步巩固、壮大全球市场份额，并随着出海的步伐影响着全球时尚。

4. 服装企业将从多维度提高品牌忠诚度

情绪价值对当前消费者而言非常重要，有的品牌通过节假日促销让消费者产生购买欲望，有的品牌则通过社交媒体制造热点，调动消费者的情绪，提高市场关注度。但相比因为情绪波动产生的短期市场热度，品牌与健康、自然、专业等某个价值形成根深蒂固的联系，并具备特征鲜明的品牌基因，则是提高品牌忠诚度，最终克服外界环境波动，实现长期稳定增长的关键。例如，代表专业篮球运动的品牌、代表极寒保暖的品牌、代表绿色低碳的品牌、代表中产美好生活的品牌，等等。未来，将有更多的服装品牌，通过新渠道、新科技、新场景、新思想、新文化等多维度不断地赋予消费者丰富多样的情感价值，从而实现品牌忠诚度的持续提升。

三、2022 年我国主要商品消费市场运行情况——家纺市场①

2022 年受国内新冠疫情影响，物流压力陡增，原料成本高企等不利因素严重阻碍了家纺企业的生产运营。消费场景恢复缓慢、居民收入增长放缓等导致的市场需求总体偏弱给家纺行业带来较大挑战，全国重点大型零售企业床上用品市场零售额也明显不及上年同期水平。不过，由于家纺骨干企业加快转型升级步伐，积极拓展智能化、品牌化改造，注重研发与成本控制，使得行业质效水平得到进一步改善，市场也在新冠疫情防控乙类乙管新常态和促内需、扩消费的政策推动下有序复苏。

2023 年，虽然我国经济仍面临诸多挑战，但是随着党中央推进经济运行整体转好的决心更加坚定、宏观政策更加明确、扩内需一揽子政策和接续政策持续落地，我们有理由相信，2023 年将是开新局、育新机的充满期待的一年。

（一）2022 年全国重点大型零售企业床上用品市场运行情况

1. 床上用品零售额同比下降 14.4%

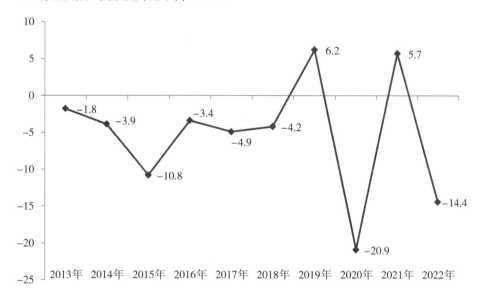

图 2-24   2013—2022 年全国重点大型零售企业床上用品零售额增长情况（%）

数据来源：中华全国商业信息中心。

---

① 主要以床上用品作为研究对象。

中华全国商业信息中心统计数据显示，2022年全国重点大型零售企业（以百货商场为主）床上用品零售额同比下降14.4%，与上年相比，增速有明显回落，且大于全国重点大型零售企业整体12.8%的降幅水平。

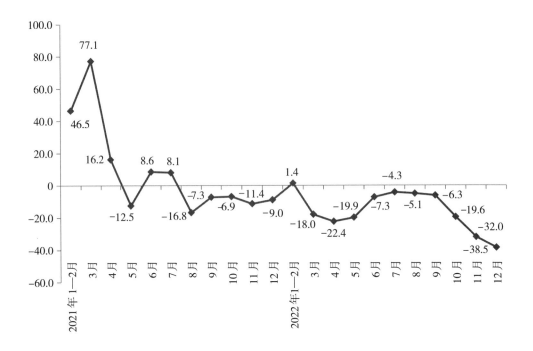

图2-25 2021—2022年全国重点大型零售企业床上用品类零售额月度增速（%）

数据来源：中华全国商业信息中心。

从分月来看，3月以来，床上用品零售额连续负增长，3—5月企业生产经营受到新冠疫情冲击，零售额降幅达到两位数，经历了年中小幅上升以后迅速回落，年末受新冠疫情感染高峰影响降幅超过30%。

2. 一线城市零售额降幅明显

2022年，全国重点大型零售企业一线城市表现明显弱于二、三线城市市场，零售额同比下降22.5%，增速相比上年大幅降低25.9个百分点；二线城市同比下降11.5%，增速相比上年降低18.1个百分点；三线城市同比下降15.5%，增速相比上年降低20.7个百分点。

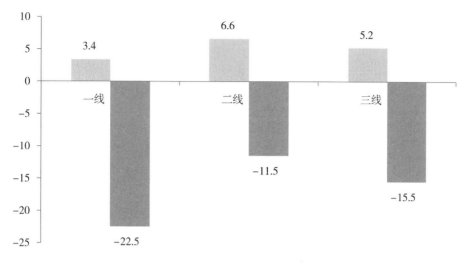

■ 2021 年   ■ 2022 年

图 2-26　2021 年、2022 年全国重点大型零售企业床上用品分线城市零售额增速（%）

数据来源：中华全国商业信息中心。

3. 平均单价保持温和上涨

受国际形势影响，原料进口受阻，床上用品生产成本明显提高，价格波动影响了市场销售终端。中华全国商业信息中心统计数据显示，2022 年床上用品和各种被价格均保持温和上涨态势，相比上年分别同比增长 4.1% 和 5.0%。

◆ 套件（元）　 ■ 各种被（元）

图 2-27　2011—2022 年全国重点大型零售企业床上用品套件和各种被平均单价

数据来源：中华全国商业信息中心。

（二）2022 年床上用品市场品牌运行情况

1. 床上用品

（1）市场集中程度提升

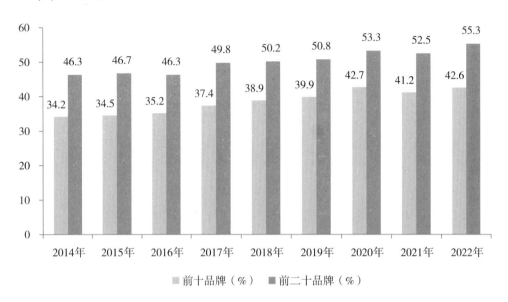

图 2-28 2014—2022 年床上用品套件市场综合占有率情况

数据来源：中华全国商业信息中心。

根据中华全国商业信息中心对全国重点大型零售企业品牌的监测数据显示，2022 年我国床上用品市场集中度呈现小幅上涨趋势，排名前十的品牌市场综合占有率之和为 42.6%，相比上年提高 1.4 个百分点；排名前二十品牌市场综合占有率之和为 55.3%，相比上年提高 2.8 个百分点。近年来，随着收入水平的提升，人们在床上用品的消费过程中更关注品牌知名度和产品质量。龙头企业纷纷围绕品牌定位、产品研发、渠道拓展、服务升级等方面建立起各自的竞争优势，市场占有率稳步提升。

（2）品牌格局稳定

从 2022 年前十品牌排名情况来看，经过多年的市场竞争，我国床上用品市场已经建立了比较成熟的品牌格局，各品牌市场份额也比较稳定。罗莱、梦洁、富安娜、水星家纺分别以 10.4%、7.6%、5.3% 和 5.1% 的市场综合占有率继续排名前四位，构成了床上用品市场的第一梯队。相比上年，罗卡芙和宜庭表现较为突出，分别从上年的第六名和第十名上升为 2022 年的第五名和第八名，市场综合占有率也有显著提升。

表 2-1   2021 年、2022 年床上用品市场前十品牌占有率（%）

2021 年			2022 年		
排名	品牌名称	占有率（%）	排名	品牌名称	占有率（%）
1	罗莱	10.1	1	罗莱	10.4
2	梦洁	7.5	2	梦洁	7.6
3	富安娜	5.2	3	富安娜	5.3
4	水星家纺	4.9	4	水星家纺	5.1
5	寐	3.1	5	罗卡芙	3.3
6	罗卡芙	3.0	6	寐	3.0
7	博洋	2.4	7	博洋	2.5
8	惠谊	1.8	8	宜庭	1.9
9	ESPRIT	1.7	9	惠谊	1.9
10	宜庭	1.6	10	ESPRIT	1.7

数据来源：中华全国商业信息中心。

2. 各种被

（1）市场集中度稳步提升

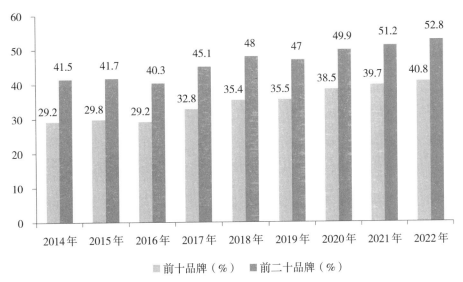

图 2-29   2014—2022 年全国重点大型零售企业床上用品和各种被市场综合占有率情况

数据来源：中华全国商业信息中心。

2022 年全国重点大型零售企业床上用品和各种被前十品牌市场综合占有率之和为 40.8%，相比上年提升了 1.1 个百分点，前二十品牌市场综合占有率之和为 52.8%，相比上年提升了 1.6 个百分点。市场集中度持续稳步提升，说明各种被市场已经趋于成熟和稳定。

（2）优势品牌地位基本平稳

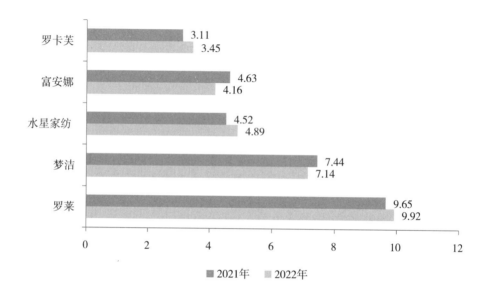

图 2-30　2021 年、2022 年各种被市场优势品牌占有率（%）

数据来源：中华全国商业信息中心。

受新冠疫情影响，中小家纺企业经营环境较为艰难，被市场淘汰后，释放出来的资源向龙头品牌集聚，龙头品牌市场占有率提高的趋势越来越明显。从 2022 年前五品牌排名情况来看，罗莱和梦洁在各种被市场中优势地位仍然突出，罗莱的市场占有率提升了 0.27 个百分点，梦洁仍然稳居第二位。相比上年，水星家纺表现较为突出，从上年的第四名上升为 2022 年的第三名，市场占有率提升了 0.37 个百分点。

（三）2022 年床上用品消费市场发展特点

1. 高端床上用品市场需求持续扩张，市场竞争越发激烈

随着我国居民收入水平的提升，人们的消费能力也在不断提高，带来消费观念

的转变和消费升级。除了满足基本使用需求外，高端床品逐渐成为一种品质与身份的象征。现代社会存在较大的生活压力，通过购买与享受高端床品，消费者能够放松身心、缓解疲劳。相关数据显示，2022年我国高端床上用品市场规模大约是93.6亿元，占床上用品市场的11.01%，前景广阔。

基于消费者的需求，国内家纺品牌纷纷开始进行技术革新，探索和开拓高端床上用品市场。2022年梦洁、罗卡芙、罗莱集团继续领跑高端床上用品市场，三家集团的市场占有率之和达到76.7%，超出去年6.6个百分点，显示出高端床上用品市场的集中化。而第四至第十的市场占有率排名则发生了较大变化，欧恋纳、芙雷特、ESPRIT的市场占有率排名分别从上年的十名以外上升至第五、第七和第十，市场竞争异常激烈。

2. 产业加速智能化、自动化升级

以全价值链数字化业务场景为核心，国内床上用品企业持续加大厂区智能化改造投入，致力于构建产供销一体化的管理和监测平台。在产品生产上，全面实现自动化生产，由监测平台统一控制，精准把握生产要素的投放和各车间之间的连接，既避免了原材料的浪费，降低了生产成本，又能有效地提高生产效率，保证产品质量。在物流运营上，大力发展智慧物流，配备智能立库和自动化分拣设备，在提高分拣准确率的同时还能够节约人力。床上用品更是创新性地与能够监测温度、湿度，具有传感和控制作用的电子微模块结合，实现调节温度、改善睡眠环境等多种功能。智能化工厂的建设与智能化产品的应用和发展将会越来越普遍，床上用品行业正在迎来崭新的智能化时代。

3. 产品的装饰性、保健性和功能性有所提升

"90后"甚至"00后"人群逐渐成为当前的主流消费群体，与上一代消费者不同的是，年青一代接触互联网的时间更早，消费观念具有明显的个性化和差异化特点。他们对于床上用品的要求不再局限于保暖和舒适等基础特性，转而将目光聚焦于产品的装饰性、保健性和功能性。消费者开始将床单、被套、枕巾等独立消费品当作整体室内软装的一部分，时尚化、艺术化的床上用品往往能带来更高的购买频次。同时，越来越多特殊功能被研发并应用到床上用品中，例如透气、排汗、抗菌、

防螨、防紫外线、防油、防水等。床上用品的材质也不再拘泥于传统的棉、羽绒、蚕丝等，一些新型面料如天丝、竹纤维等逐渐进入大众视野。

4. 儿童床上用品市场快速发展

随着三胎政策的全面放开，儿童床上用品市场需求逐渐提升。同时，"90后""95后"人群成为母婴市场的重要目标群体，这类人群对于生活品质要求较高，育儿消费观念具有精致化、个性化的特点。第七次全国人口普查数据显示，我国 0 ~14 岁少儿已超 2.5 亿。面对不断增长的市场需求，一些床上用品品牌及时抓住机遇推出了儿童床品子品牌。和去年相比，2022 年儿童床上用品市场和各种被市场排名前十品牌的市场综合占有率分别下降了 1.5 和 7.8 个百分点，儿童床上用品市场品牌格局尚未完全稳定，品牌在这一细分领域仍有较大机会。

5. 床上用品头部企业优势扩大

与去年相比，2022 年床上用品市场和各种被市场的头部企业的市场综合占有率均有所提高。其原因有以下两点：第一，人们的消费观念正在逐渐转变，越来越多的消费者愿意为高品质的床上用品付费，并且更加关注产品的质量、功能以及附加服务。而中小品牌与领先品牌相比，所具备的核心竞争力较低，研发能力和创新能力也远远不及这些大企业，生产的产品自然附加值更低，难以吸引高端客户群体。第二，在销售渠道方面，线下渠道由于受新冠疫情影响而客流量减少，百货商场通过淘汰小品牌的方式整合资源向头部企业汇集，线上渠道的平台流量也往往倾向于单价更高的大企业。头部企业拥有更强的抗风险能力、资源、技术等多方面优势，市场占有率持续提升趋势显著。

（四）2023 年床上用品消费市场发展趋势

1. 政策预期有利于产业发展

国家出台的与床上用品行业密切相关的政策主要有：

2022 年 4 月工信部推出的《关于化纤工业高质量发展的指导意见》，其中提到要加快技术改造，淘汰落后产能，提高国产纤维产品的质量和知名度，培育国产纤维产品的知名品牌等内容。

2022 年 6 月，工信部等《关于开展 2022 "三品" 全国活动的通知》，与床品相关的主要内容是要求优质品牌引领消费升级，在新冠疫情背景下通过数字技术推广新产品、支持产品融合民族元素、不断创新等。

2022年10月，工信部《关于开展2022纺织服装"优供给促升级"活动的通知》，通知要求家纺行业等开展交流对接活动，不断进行产品创新、升级产品、加强企业品牌建设等。

2023年，随着国家抗疫取得胜利，接下来的政策重点将转为扩大内需、稳定经济增长。三孩政策的放开、促进房地产行业健康发展的相关举措的推出，以及构建推动经济发展的国际、国内双循环体系等，这些政策对床上用品行业而言都是利好政策。从需求角度来看，这些政策有利于刺激消费，释放市场潜力，从供给角度来看，供给体系质量提高，能够实现更高水平的供需动态平衡。因此，2023年政策将会对床上用品行业的健康发展起到促进作用。

2. 市场竞争更加激烈，市场集中度提升

受世界经济形势影响，原来出口的产品部分回流到国内市场，加剧了国内市场的竞争态势。由于床上用品科技含量相对较低，利润相对较薄，这种激烈竞争的态势如果演变下去，将会导致一些规模较小、经营不善的床上用品企业破产倒闭，从而使得市场进一步向一些更有竞争力的品牌集中。因此，2023年床上用品企业要想在激烈竞争的市场中存活下来，就需在产品创新、品牌建设、渠道拓展、成本管理等多个方面加强建设，从而为产品在市场竞争中争得一席之地。

3. 市场需求进一步多元化

（1）需求功能多样化

随着经济的发展，人们的消费能力不断提高，对床上用品的要求也不断提高。为了追求高品质的生活，不同年龄层、不同地区、不同消费层次的消费群体对产品的要求也会有所不同。年轻群体由于生活节奏快，希望床上用品洗涤方便，甚至有时对一些一次性产品也情有独钟，往往对产品耐久性要求会有所忽视。年长群体则对健康有特殊需求，希望产品具有防虫防螨、健康检测等功能。商家有必要根据不同群体的消费需求，不断开发创新床上用品，从而满足不同消费群体对不同功能定位的需求。

（2）需求设计差异化

在产品功能满足使用要求的情况下，往往不同人群对产品的款式、外观都会有不同的追求。儿童喜欢一些带有卡通图案，颜色鲜艳的产品；年长者喜欢一些庄重大气，比较传统一些的风格。而年轻群体则更希望紧跟时尚潮流，具有一定的个性特色的产品。因此，在设计时，有必要紧贴市场需求，根据市场需要，不断推出让市场满意的产品。

（3）需求材料丰富化

近年来床上用品随着市场需求的变化不断更新换代。床上用品填充物由传统的棉花被逐步发展到今日的多孔被、羽绒被，套件面料从传统的纯棉面料发展到真丝面料，到今日的竹纤维、天丝等功能性面料，产品结构逐渐丰富，不仅限于传统的实用性，更多地加入了功能性、保健性、装饰性和绿色环保等诸多新功能。数据显示，我国床上用品面料和填充料共消耗纤维约 700 万吨，主要为棉和合成纤维，两者合计约占总量的 90%。填充物用量约占 40%；面料（含芯被类产品内胆面料）用量约占 60%。在填充物用料中，合成纤维居多，占填充物的 70% 以上；在面料中，棉制品居多，占面料用量的 60% 左右。

4. 实体店提供更加全面的高品质服务

和线上购买渠道相比，实体店可以让消费者真实、深入地感知场景。床上用品企业抓住了这一关键，打造沉浸式高端线下体验店，从视觉、触觉以及互动等多重角度和方式为消费者提供更好的购物体验，以加深品牌印象，提高客户黏性。此外，大件床品的洗护和保养问题是阻碍消费者购买的一大痛点。基于此，实体店在提供高品质的产品之余，还配置了烘干机、洗衣机、熨烫机和除螨仪等设备，提供奢品级的洗护服务。一方面为消费者解决了床品护理问题；另一方面提高了与客户的接触频率，有助于提升顾客满意度和复购率。

随着新冠疫情防控全面放开，实体店的附加服务将向着更加深入、全面的方向发展，不断提高消费者的购买体验性和满意度。

5. 健康、天然、绿色成为行业发展趋势

绿色发展已成为全球共识，消费者对于床上用品环保性和安全性的关注度也在逐渐提高，推动床上用品行业朝着健康与绿色的时代趋势不断发展。在用料上，棉、羽绒、蚕丝等天然纤维产品广泛受到消费者青睐，家纺公司也在加大对于天然面料的开发力度，并且优先选用绿色环保、节能低耗的面料和染料；在生产工艺上，床上用品龙头企业积极采用低碳环保技术，减少化学助剂的使用，实现清洁生产与绿色制造。为了响应国家碳达峰、碳中和的号召，应对全球气候变化，健康、天然、绿色将成为行业长期发展趋势。

四、2022年我国主要商品消费市场运行情况——化妆品市场

随着居民可支配收入的稳定增长、国内消费者经济实力与消费观念的改变，化妆品进入普及消费时代，市场整体处于平稳较快增长阶段。虽然2022年新冠疫情对聚集性、接触性消费冲击比较大，同时居民消费意愿偏向谨慎，使得具有社交性和可选性的化妆品消费有所回落，但并不会改变化妆品市场长期向好的态势和消费升级的趋势。

2022年，限额以上单位化妆品自有统计数据以来首次出现销售不及上年同期，全国重点大型零售企业化妆品类零售额呈两位数下降；两者数据全年都表现出新冠疫情严重下二季度、四季度市场销售最低的态势，其中限额以上单位4月、5月、12月跌幅较深，而主要代表线下渠道的全国重点大型零售企业除上述三个月份外，11月的跌幅也较为突出；在各种短期因素扰动下，化妆品终端零售价格重回上涨通道，同时在严监管、促规范的政策推动下，市场集中度持续上升。2022年国内化妆品市场呈现出较为明显的特点：线上消费保持快速发展、韩系化妆品降温的同时越来越多的消费者转向以功能性护肤突围的国货品牌、品质和高性价比需求共存等。

展望未来，在消费审美驱动、升级驱动、数字经济发展等因素下，加上正常生产、生活秩序恢复和线下消费场景加快拓展，化妆品市场有望较快回暖，并在未来的较长一段时间内持续保持稳健增长。

（一）2022年化妆品市场整体运行情况

1. 限额以上单位化妆品类自有统计数据以来首次销售同比下降

2022年，虽然我国经济长期向好的基本面没有改变，经济增长的内生动力不断

积聚增强，但消费市场受新冠疫情短期扰动比较明显，全年社会消费品零售总额同比下降 0.2%，短期内居民不敢消费、不便消费的问题也比较突出。化妆品作为典型可选消费品，受居民购买力、消费情绪影响大，在居民购买力上升阶段性放缓期、边际消费意向较低的时期，消费者倾向于减少相关消费，进而对行业增速和市场销售产生了一定影响。2022 年，限额以上单位商品零售中，化妆品类零售额累计实现 3936 亿元，同比下降 4.5%，增速相比上年回落 18.5 个百分点，是 2001 年有该品类统计数据以来首次呈现零售额同比负增长，也是 2012 年以来增速首次不及限额以上商品整体零售额增长水平。

图 2-31　2011—2022 年限额以上单位整体商品及化妆品类商品零售类值增速（%）

数据来源：国家统计局。

从月度零售类值波动来看，2022 年限额以上单位化妆品类商品 1—2 月、6 月实现同比正增长，4 月、5 月、12 月降幅较深。

2. 全国重点大型零售企业化妆品类零售额同比下降 15.4%

2022 年，中华全国商业信息中心统计的全国重点大型零售企业（以百货业态为主，下同）化妆品类零售额同比下降 15.4%，增速相比上年回落了 22.4 个百分点，低于同年总零售额增速 2.6 个百分点；在全国重点大型零售企业各主要品类中，增速仅快于服装类商品。

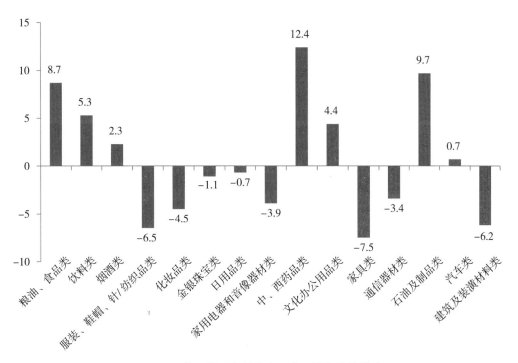

图 2-32　2022 年限额以上单位主要商品零售类值增速（%）

数据来源：国家统计局。

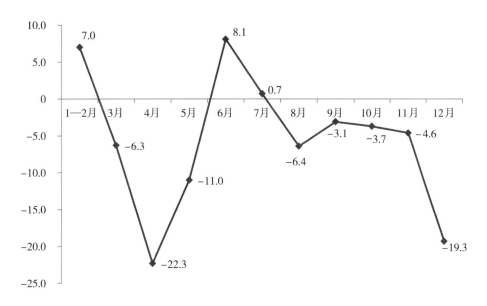

图 2-33　2022 年限额以上单位化妆品类商品零售类值月度增速（%）

数据来源：中华全国商业信息中心。

从全年走势情况来看，全国重点大型零售企业化妆品类 1—2 月同比增长较快，之后伴随着多地新冠疫情突发，化妆品消费进入低迷状态，3—12 月零售额持续同比负增长，其中 4 月、5 月、11 月、12 月同比降幅较深。

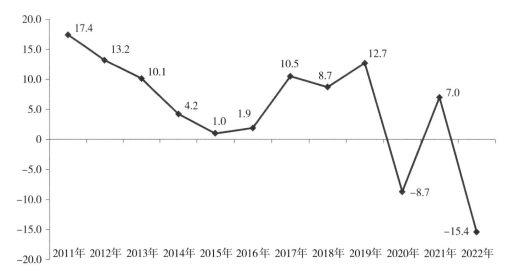

图 2-34　2011—2022 年全国重点大型零售企业化妆品零售额增速（%）

数据来源：中华全国商业信息中心。

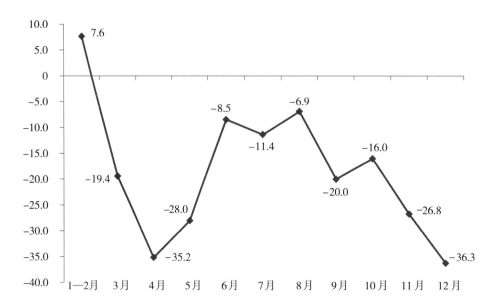

图 2-35　2022 年全国重点大型零售企业化妆品月度零售额增速（%）

数据来源：中华全国商业信息中心。

3. 全国重点大型零售企业护肤品类市场降幅最窄

在新冠疫情常态化防控下，接触性、服务性的消费，以及以此为特点的服务和商品销售恢复较慢。2022年，受社交聚集减少影响，化妆品市场中的美容彩妆品、香水类同比降幅较护肤品更大。根据统计，全国重点大型零售企业美容彩妆品、香水类2022年零售额分别同比下降20.0%、21.9%，护肤品零售额则同比下降14.8%，降幅明显窄于美容彩妆品类和香水类市场。

从全年月度情况来看，主要化妆品品类市场增速的波动趋势基本一致，二季度、四季度市场销售最为低迷。

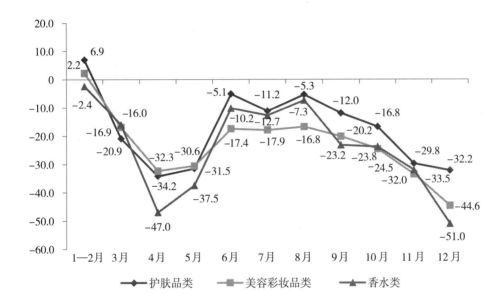

图2-36 2022年全国重点大型零售企业主要化妆品品类月度零售额增速（%）

数据来源：中华全国商业信息中心。

4. 化妆品零售价格同比上涨2.1%，全年价格前低后高

新冠疫情、通货膨胀等综合性因素带来的上游原材料成本上升，经过层层传导，推动化妆品终端零售价格上升。2022年，化妆品类零售价格同比上涨2.1%，全年价格前低后高，其中11月价格增幅最高，超过5%。

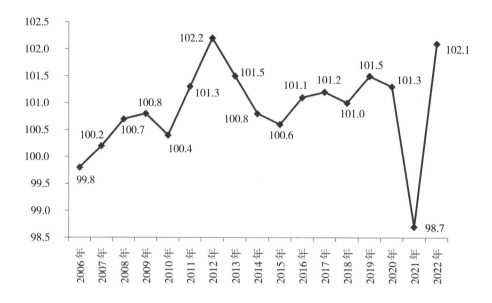

图 2-37 2006—2022 年化妆品零售价格指数（上年同期＝100）

数据来源：国家统计局。

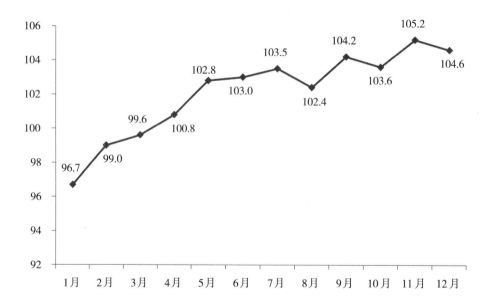

图 2-38 2022 年全年化妆品月度零售价格指数（上年同月＝100）

数据来源：国家统计局。

（二）2022 年全国重点大型零售企业化妆品市场优势品牌情况分析

1. 行业监管趋严推动市场集中度提升

2020 年以来，化妆品行业相关法规发生较大调整，国家出台多项政策法规，对化妆品的功效、标签、原料及安全等做出明确规定，加大监管力度，促进行业发展规范化，企业发展长期主义化，提升了行业门槛，加快了优胜劣汰的进程；2022 年以来，《化妆品生产经营监督管理办法》《儿童化妆品监督管理规定》《国家药监局关于实施〈化妆品注册备案资料管理规定〉有关事项的公告》《国家药监局关于发布化妆品安全评估技术导则（2021 年版）》《化妆品标签管理办法》《化妆品生产质量管理规范检查要点及判定原则》《化妆品抽样检验管理办法》等大量新规陆续进入或即将进入具体实施阶段，行业监管趋严趋紧，推动市场集中度进一步提升。

据全国重点大型零售企业优势品牌的监测数据显示，近三年我国化妆品市场积聚程度持续上升，其中 2022 年我国护肤品类以 CR20 作为代表的市场集中度相比上年提升了 0.7 个百分点，美容彩妆品类市场集中度提升了 1.5 个百分点。

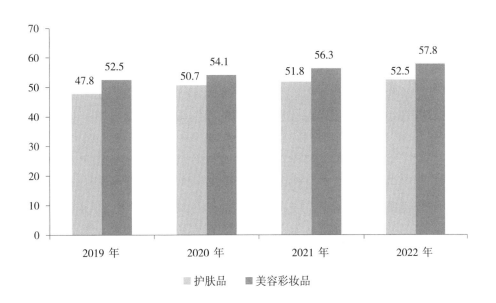

图 2-39　2019—2022 年化妆品主要品类市场 CR20 市场占有率（%）

数据来源：中华全国商业信息中心。

2. 护肤品市场中高端品牌发力，兰蔻取代 DIOR 领跑彩妆市场

2022 年，我国护肤品市场中，前八位优势品牌跟上年保持一致，但 CHANEL 超过自然堂和欧珀莱排在市场综合占有率榜单的第九位，占有率也提升了 0.1 个百分点。LAMER 市场占有率相比上年则提升了 0.5 个百分点，是前十榜单中表现最为突出的品牌。

美容彩妆品市场中，优势品牌排名基本稳定，其中兰蔻以 7.7% 的市场占有率反超 DIOR 0.1 个百分点。

（三）2021 年我国化妆品市场主要特点

2022 年，随着电商渠道快速崛起，受益于种草、意见领袖等强转化能力推动，化妆品在线上销售仍然保持了一个较快发展态势。国产品牌在全渠道响应速度快，民族自信、文化自信，原材料功能性创新，消费理性抬头下"平替"流行等有利因素助推下逆势进击，形成一股"国潮美妆"现象。市场进一步分化，高端品质消费与高性价比消费并存。

1. 社交和网红经济拉动化妆品线上消费

2022 年，在社交电商、社交 APP 裂变式传播以及网红经济的带动下，化妆品尤其是传统强势品牌化妆品在电商、直播、达播等新兴渠道的销售依然较为突出，根据弗若斯特沙利文的分析推算，2022 年我国化妆品线上销售渠道市场规模超过5000 亿元，同比增长 14%，并预测 2023 年线上销售规模进一步扩大，超过 6000 亿元。线上销售的火热进一步拉动消费需求，为企业精准营销、吸引目标客群提供了新的通道。除充分利用第三方平台和达人流量，增强全渠道营销外，各化妆品企业也在加大品牌直播力度，耕耘和培养私域流量，直接触达消费者，培养顾客黏性。

2. "韩系"化妆品发展降温

随着中国经济崛起，我国的文化产业也到了一个发展高峰期，休闲娱乐、影视节目等商品和生活方式向日韩和我国港台地区不断输出，在韩流影响力式微以及国产化妆品崛起的围剿下，韩妆产品在国内化妆品市场中呈现挫败后退之势。2021 年3 月，韩妆品牌伊蒂之屋关停在中国全部线下门店，NATUREREPUBLIC、思亲肤Skin Food 等一众韩妆同时削减实体门店；2022 年 2 月，爱茉莉旗下赫妍品牌被报道

已全面关闭中国市场线下门店，悦诗风吟被指在国内门店数由巅峰期的600多家缩减至140家；7月，韩妆品牌3CE撤三里屯旗舰店，这也是该品牌在国内的首店。

"韩系"化妆品在国内市场的退败，既有来自韩流热度降温的影响，更多的是来自具有平替作用的国产美妆的全面竞争，尤其是线下市场在遭遇美妆电商强烈攻势下，国产化妆品品牌对于线上渠道的掌控力更强，响应速度更快。

3. 国货品牌发力功能性护肤品

一方面原材料与工艺创新不断进展，另一方面，化妆品与医药、医学领域实现跨界，拓宽了护肤品功能的边界。为避开同质化竞争，抢占功能性领域细分市场，很多国货品牌在功效上发力：医院权威背书、强调科学护肤；发酵法生产玻璃酸钠原料药和药用辅料；重组胶原蛋白及其衍生材料；中草药特色肌活等，全方位地覆盖消费者需求。中信相关研究团队预计2021—2026年，我国功能性护肤品销售规模将从900多亿元增长至超过2000亿元，年均复合增长率高达19%。除了填补快速增长的市场，国货品牌着力于功能性，有助于其产品形成独特的创新力和差异化，避免与欧美化妆品品牌正面竞争。

4. 高端与"平替"消费现象并存

高端化妆品品牌每年春季进行涨价几近常态，2022年全年，雅诗兰黛前后三次上调价格。2023年春节刚过，雅诗兰黛、LVMH、欧莱雅三大美妆集团就被曝出将陆续上调高端化妆品品牌零售价，幅度预计在5%~10%，个别品类涨幅或将更高。在品质化、高端化升级需求下，化妆品品牌通过加大研发、讲好故事、定期提价来维护品牌价值。

与此同时，受新冠疫情影响，国内中低收入群体的消费意愿短期收缩，成分与配方类似、价格上更具优势的平价替代产品也成为消费者关注的一个热门领域。

（四）2023年化妆品市场发展趋势

2023年1月28日，春节后首个工作日召开的国务院常务会议亮出多重举措，释放出促进经济稳步回升的积极信号。会议指出，要针对需求不足的突出矛盾，乘势推动消费加快恢复成为经济主拉动力。展望未来，从大趋势看我国处于消费升级阶段，短期因素、突发因素的干扰不会改变人们消费需求的整体提升，更不会阻碍人们对于美的追求。随着新冠疫情防控进入新阶段，正常生产、生活秩序恢复和线下消费场景加快拓展，加上电商直播平台的持续发力，化妆品市场有望较快回暖。综合以上及低基数因素，预计 2023 年限额以上单位化妆品类零售额重回两位数增长，全国重点大型零售企业化妆品类零售额同比增长 5% 以上。

1. 国产品牌更多涉足高端市场竞争

十四五规划明确指出，"开展中国品牌创建行动，保护发展中华老字号，提升自主品牌影响力和竞争力，率先在化妆品、服装、家纺、电子产品等消费品领域培育一批高端品牌"。经过近些年的快速发展，国货品牌已经具备了打造中高端产品的初步能力，在政策推动、市场竞争、消费需求的促进下，国产化妆品或将明显增强优质供给能力，在品牌价值、技术研发、渠道营销和消费者心智认知方面获得综合、长远提升。

2. 科技化、智能化趋势加快发展

消费品市场中智能革命发展迅猛，科技护肤、智能美妆的理念深入人心。一方面，化妆品企业借助技术的进步创新原料、升级工艺、优化流程，在提供更有吸引力产品的同时整合产业链，实现产业链的数字化、智能化，降本增效；另一方面，新零售创新模式日新月异，在市场零售终端，AR 试妆、智能测肤等前沿科技手段下很多新场景和新习惯被催生，一些原本小众的场景和消费行为加速发展渗透。

综合来看，化妆品企业应该着重加强全过程的科技化水平和数字化水平，形成有效竞争壁垒，提升品牌的议价能力和市场地位。

3. 医学护肤理念或将逐渐渗透市场

首先，在"成分党""科研党"的推动下，功效护肤、安全护肤成为化妆品市场消费的一股重要力量，"医生推荐""医研共创"的品牌开始受到消费者的关注和信赖，品牌营销与皮肤科医生的合作，以及社交电商上医生类关键意见领袖（KOL）账号类数量呈攀升态势。

其次，玻尿酸、透明质酸、胶原蛋白、活性肽、果细胞等医美相关概念成分持续高热度，近年来有新的护肤品公司入局口服美容赛道，宣传"药食同源""妆食同源"的功能性食品医学理念，如口服美白、口服防脱、口服抗老等，通过口服的方式实现美容、美体的直接诉求。

4. 环保理念成为消费新主张

未来，大众消费品品牌主动履行企业环保责任，在获得消费者好感和助力品牌建立正面形象方面日益重要。

此外，环保在全球可持续发展趋势下，也是对行业监管趋紧的一个必然要求。根据中国市场监管总局 2021 年中发布的《限制商品过度包装要求——食品和化妆品》国家标准，对 16 类化妆品在内的包装要求进行规范，要求以该标准为抓手，从源头减少资源消耗和包装废弃物的产生，促进行业环保可持续发展。

五、2022 年我国主要商品消费市场运行情况——洗涤用品市场

2022 年，在新冠疫情因素下，洗涤用品市场销售平稳，全国重点大型零售企业洗涤用品类全年销售与上年基本持平，降幅窄于全国重点大型零售企业商品总零售额 10 个百分点以上；全年洗涤用品市场月度增速波动区间较广，与整体经济和消费品市场呈现出的二季度、四季度较为低迷的情况不同，洗涤用品市场的月度波动主要来自上年同期基数的影响。

2022 年，以蓝月亮、立白等为代表的国内日化企业市场份额在多洗涤用品品类市场中的份额呈现趋势扩张，对抗宝洁、联合利华等外资日化集团的能量进一步蓄积。市场中，消杀类产品快速增长，情绪类消费倾向日益表现突出，推新仍然是日化市场吸引消费者的重要手段。

展望未来，在稳经济、促内需的大环境背景下，2023 年我国洗涤用品市场也将保持平稳、良好增长，预测 2023 年全国重点大型零售企业洗涤用品类市场零售额同比增长 3%左右。

（一）2022 年我国洗涤用品市场整体运行情况

2022 年，国内防控新冠疫情的形势相比前两年更为严峻，加上新冠疫情防控常态化，普通民众的自我防护意识大大提高，为了及时切断病毒的传播途径，全国医疗机构、其他公共场所、居家生活场景内的大范围、长时间、全覆盖、高频次的清洁、消毒需求呈现"暴涨性"提升，拉动洗涤用品终端消费，整体市场实现较好发

展；从短期看，对洗涤用品的高需求将伴随整个新冠疫情阶段和新冠疫情后一段时间，从长期看，新冠疫情改变了消费者的健康观念，对个人、家庭清洁类产品的消费量提升，对酒精、消毒液、便携免洗洗手液等外出场景、接触场景中杀菌消毒类产品也将形成消费习惯；2020 年新冠疫情初期供给端产能大部分为大包装与市场终端需求集中在小包装消杀清洁产品的结构性矛盾在 2022 年得到改善，但在 2022 年年底出现对消杀类产品的需求激增，加上新冠疫情导致的交通受阻使得供销对接不畅，短期内出现了部分地区洗涤用品的供给不足现象，但全年月度销售波动主要还是受同期基数影响。

1. 全国重点大型零售企业洗涤用品类商品零售额同比小幅下降

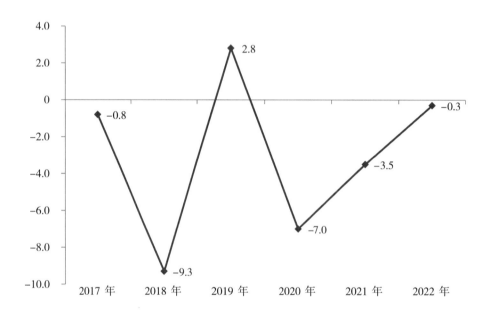

图 2-40 2017—2022 年全国重点大型零售企业洗涤用品类商品零售增速（%）

数据来源：中华全国商业信息中心。

2022 年，受业态发展阶段限制，全国重点大型零售企业（以百货业态为主，下同）零售额同比下降 12.8%，降幅明显，但在全民卫生防疫意识不断增强，健康、卫生消费支出不减的背景下，洗涤用品类市场销售基本与上年持平。根据中华全国商业信息中心统计，2022 年全国重点大型零售企业洗涤用品类商品零售额同比下降

0.3%，降幅相比上年收窄了3.2个百分点，降幅窄于总零售额超过10个百分点。

2. 二线城市洗涤用品市场增长最快

2022年，全国重点大型零售企业二线城市市场洗涤用品类销量较好，零售额同比增长1.5%，一线、三线城市零售额同比负增长。

全国各地区中，2022年东北地区市场对洗涤用品的消耗同比增长快于其他三个地区。

3. 全年月度销售波动较大

从全年的销售情况来看，全国重点大型零售企业洗涤用品类月度零售额增速波动较为明显，但市场销售跟新冠疫情分布的关联性和规律性并不突出，月度市场波动主要还是受到上年同期基数影响。

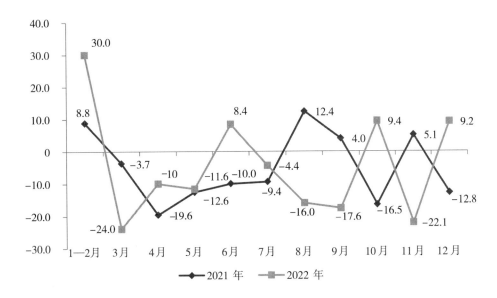

图 2-41 2021年、2022年全国重点大型零售企业洗涤用品类月度零售额增速（%）

数据来源：中华全国商业信息中心。

4. 洗涤用品品类市场呈现出不同的集中度发展态势

受新冠疫情影响，有的洗涤用品品类市场中腰部品牌与头部品牌间攻城略地的竞争更为激烈，有的品类市场中头部品牌进一步巩固和加强了自身优势，拉大了与后续品牌的距离，表现出市场集中度或下降、或有所提升的态势。

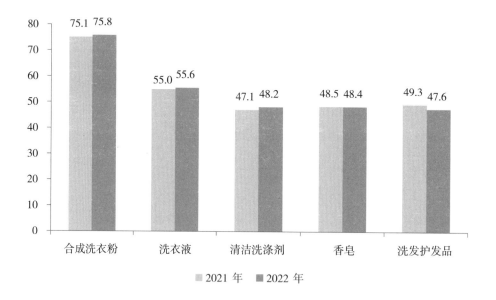

图 2-42 2021 年、2022 年全国重点大型零售企业洗涤用品 CR10 综合占有率（%）

数据来源：中华全国商业信息中心。

2022 年，主要品类市场中，合成洗衣粉、洗衣液、清洁洗涤剂市场的集中度相比上年分别提升了 0.7、0.6 和 1.1 个百分点，香皂市场集中度基本与上年持平。洗发护发品市场则回落了 1.7 个百分点。

（二）重点日化企业在我国各洗涤用品类市场中的销售份额①变化

近年线上渠道的迅猛发展和文化自信、国潮风尚的崛起，赋予了国内洗涤用品品牌广阔的发展空间，国内日化企业依靠日趋完善的品牌、产品线布局和更贴近国内市场的强大营销力，在市场中的优势进一步提升和加强。

2022 年，合成洗衣粉市场的立白、上海白猫，洗衣液市场中的蓝月亮，清洁洗涤剂市场中的立白、上海白猫，香皂市场中的纳爱斯、上海家化、立白、上海制皂，洗发护发品市场中的蜂花、舒蕾等国内日化企业（或品牌）相比上年市场份额均有所提升。此外，蓝月亮在洗手液市场中仍处于领跑地位，且市场占有率相比上年提升了 0.7 个百分点。

---

① 此章节仅选取该类市场中销售排名前二十品牌为研究分析对象。

1. 合成洗衣粉市场

2022 年合成洗衣粉市场中，立白和上海白猫表现突出，市场份额相比上年分别提升了 0.5 和 0.3 个百分点。宝洁、纳爱斯、联合利华市场份额则有所下降。

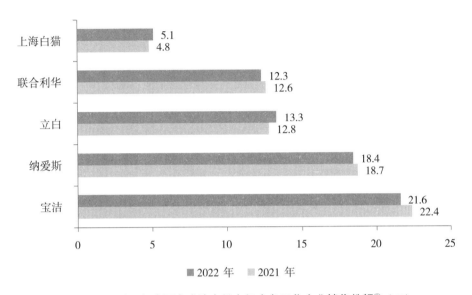

图 2-43 近两年我国合成洗衣粉市场中各日化企业销售份额①（%）

数据来源：中华全国商业信息中心。

2. 洗衣液

2022 年洗衣液市场中，蓝月亮集团表现突出，市场份额提升了 1.3 个百分点，宝洁也有所提升，由上年的 8.2% 上升为 8.4%，联合利华则由上年的 8.8% 回落 0.4 个百分点，下降至 2023 年的 8.4%。

相比上年，2022 年洗衣液市场中领先集团的排名位次基本保持稳定，排名前三的集团仍然为纳爱斯、蓝月亮和立白。

3. 清洁洗涤剂

2022 年，纳爱斯仍然是我国清洁洗涤剂市场中销售份额最大的企业，且其市场份额相较上年提升了 2.5 个百分点；立白提升了 1.9 个百分点，且首次超过联合利华成为我

---

① 2022 年合成洗衣粉市场前二十品牌市场销售份额合计为 85.32%。

国清洁洗涤剂市场中份额排名第二的日化企业；上海白猫提升了 0.6 个百分点。

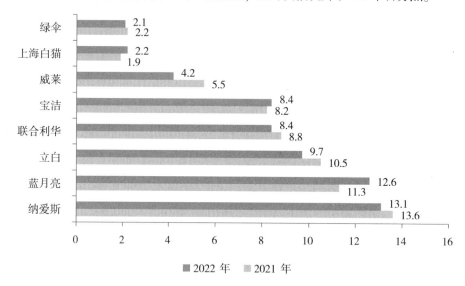

图 2-44 近两年我国洗衣液市场中各日化企业销售份额①（%）

数据来源：中华全国商业信息中心。

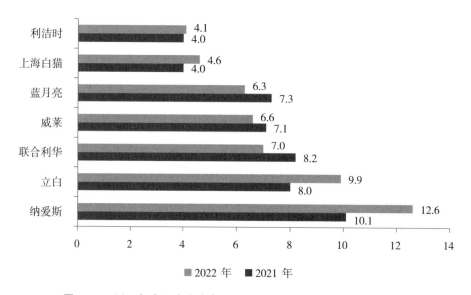

图 2-45 近两年我国清洁洗涤剂市场中各日化企业销售份额②（%）

数据来源：中华全国商业信息中心。

---

① 2022 年洗衣液市场前二十品牌市场销售额份额合计为 67.50%。

② 2022 年清洁洗涤剂市场前二十品牌市场销售额份额合计为 64.82%。

4. 香皂

2022 年香皂市场中，宝洁、联合利华的市场份额相比上年分别回落了 1.5 和 1.0 个百分点，纳爱斯、上海家化、立白、上海制皂的市场份额则呈现出不同程度的上升。

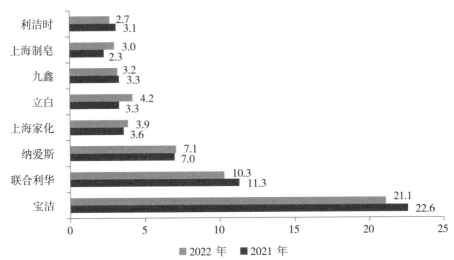

图 2-46　近两年我国香皂市场中各日化企业销售份额①（%）

数据来源：中华全国商业信息中心。

5. 洗发护发品

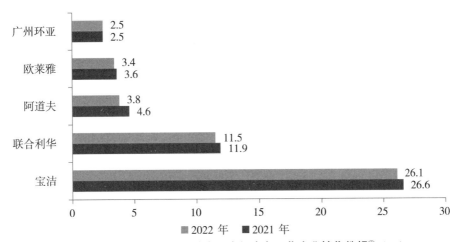

图 2-47　近两年我国洗发护发品市场中各日化企业销售份额②（%）

数据来源：中华全国商业信息中心。

---

①　2022 年香皂市场前二十品牌市场销售份额合计为 66.98%。
②　2022 年洗发护发品市场前二十品牌市场销售份额合计为 61.97%。

表 2-2　蜂花、舒蕾近两年在洗发护发品市场中的表现

	2021 年		2022 年	
	排名	市场占有率（%）	排名	市场占有率（%）
蜂花	12	1.8	10	2.3
舒蕾	13	1.7	12	2.0

数据来源：中华全国商业信息中心。

2022 年洗发护发品市场中，市场份额前三名日化集团宝洁、联合利华、阿道夫表现相较上年均有所回落，欧莱雅也回落了 0.2 个百分点。而以蜂花、舒蕾为代表的国产洗护发品牌则呈现出提升之势。

（三）2022 年我国洗涤用品市场特点

首先，2022 年洗涤用品市场中一个非常重要的特点就是新冠疫情下杀菌消毒类产品热销，应用于越来越多的生活场景。

其次，在社会商品空前丰富、人们生活水平极大提高后的今天，商品功能本身已经很难再充分引发消费者的欲望，情绪价值成为各类产品吸引购买的重要因素，洗涤用品也不例外。2022 年，围绕着情绪价值，我国洗涤用品市场呈现出审美效应、香氛悦己、追求天然、重视环保等消费特点。

在快节奏、高压力的生活下，越来越多的年轻人关注头发养护问题，护理功效、护理成分不断推新，且保持了较高的热度。此外，基于生物学技术的不断进步，整体日化产品各种原材料创新、功效细分、场景细分也是洗涤用品在 2022 年持续努力的方向。

1. 消杀类产品热销，形成消费习惯

在洗涤用品主要品类中，2022 年洗衣粉、洗衣液、香皂等传统洗涤产品销售表现一般，整体洗涤用品市场零售额实现同比较快增长主要是受消杀类产品销售火爆拉动，除消毒液之外，基本所有带有杀菌消毒功效的产品都受到了消费者的追捧，即使在新冠疫情相对稳定的月份，消杀类的产品销量仍保持在较高水平位，与此同时，使用场景迅速扩展，从过往的主要应用于公共场合走向越来越多的家庭居家和个人随身携带使用场景，成为一种反复、高频购买和使用的日常消耗品。

2. 审美效应下，洗涤用品包装美学成为新时尚

相比老一辈关注的性价比，Z世代的消费群体更在意产品的"高颜值"，在人们愿意为场景、为心情、为品质买单的消费语境中，好看变得很重要，而且随着时间发展变得"更为重要"。CBN Data《Z世代消费态度洞察报告》显示，64%的年轻消费者会购买包装更吸引人的产品，也有人用"颜价比"的概念用来形容颜值经济、审美效应带来的商业红利现象。

2022年，我国洗涤用品市场继续向着精致、品质生活升级，消费者对于产品的时尚化需求提高，别致新颖的包装、造型成为产品美学的重要内容和消费者选择购买的重要考量之一。根据巨量算数 & 算数电商研究院联合凯度发布的相关报告，2022年上半年抖音日化行业有关"高颜值"短视频内容与去年同期相比，发布量增长315%，点赞量、评论量和转发量分别增长71%、167%和181%。为迎合顾客青睐，获得品牌溢价，越来越多的企业以引领生活美学潮流为宗旨，更加注重颜值体验，用更多的商品设计力和细节感来吸引消费者，在产品功能之外，提供美好生活情绪价值，彰显和寄托对人生的美好信念。

3. 香氛悦己、成分天然是当下市场的重要诉求

充分调动嗅觉感官，有助于品牌在消费者心智层面把产品、场景与品牌三者合一，留下独特的品牌印象。市场中公开的相关调研数据显示，有好闻的香味会让超过90%的消费者在购买日化产品时感到心情愉悦，因此开发果香、花香、草本香及其他各种自然香、多元香等香氛型产品，成为洗涤日化产品近些年的不断探索。除在感官体验上的创新升级以外，成分天然、过程环保也是影响消费者购买决策的情绪点，新生代消费者已将日常消费行为视为对健康、环保生活理念践行的重要载体，"成分是否天然""产品是否环保"直接决定着消费者对于洗涤品牌和日化企业的认知正面程度。

4. 头发护理产品热度不减

随着消费者对于头皮、头发护理关注度的提升，护发市场进入一个高速增长期，护发素、护发精油、发膜类产品持续保持较快稳定增长，且客单价呈现上升趋势。功效方面，洗发水品类中防脱洗发水、育发洗发水热度较高。成分方面，对头发的

护理已发展到类似护肤的理念，原材料从强调纯植物转向强调护理，氨基酸、玻尿酸、乳酸菌、鱼子酱等成分日益丰富。此外，越来越多的生物科技被日化企业用于防脱功效。

5. 日化新品持续贡献市场增长点

在消费升级以及公众卫生意识提升的背景下，日化行业持续加强创新，产品纵向升级、横向衍生的趋势有所加快，企业靠着积淀深厚的品牌影响力，不断提升产品布局，品牌矩阵趋于丰富和完善，新品在企业既有的市场优势下维系消费者热情，持续贡献新的市场增长点。

日化行业推新主要围绕使用对象、原材料、功效、香型、场景等展开。既有新型品牌、进口品牌，有添加护肤成分和香味，如西柚青柠、玻尿酸维 c，有儿童泡沫版本，有男士清洁产品，还有专门针对运动衣物的清洁产品，运动型洗衣液、速干面料专用洗衣液等。

（四）未来我国洗涤用品市场发展趋势

2023 年是"十四五"规划承上启下的关键一年，尽管面临着复杂严峻的外部环境，但是我国经济韧性强、潜力大，随着新冠疫情防控转入新阶段，各项政策不断落实落细，经济增长内生动力不断积聚增强，我国经济将会整体好转，消费市场发展长期向好趋势、升级趋势也不会改变。在这个大的环境背景下，2023 年我国洗涤用品市场也将保持平稳、良好增长，预计全国重点大型零售企业洗涤用品类市场零售额增速或将呈现 3% 左右同比正增长。同时，未来市场中对儿童洗浴、男士洗护、宠物清洁等细分结构性机会应充分予以关注，此外，为避免落入白热化、同质化、低价竞争，提升品牌价值，在品牌维度展开消费者竞争也是洗涤用品市场未来的发展趋势。最后，践行低碳环保理念可以使洗涤品牌具有更强的顾客认知，也是未来行业发展的必然要求。

1. 儿童洗浴、男士洗护增长好于整体市场

儿童是每个家庭的未来，宝贝呵护日益精细，而精致生活也渐次从女性向男性群体蔓延，使得儿童洗浴、男士洗护领域保持较快增长。

对使用对象的细分能够更好地满足消费者个性化、专业化的需求，对于儿童洗

浴产品来说，品质、信赖是最核心的商品痛点；对于男士洗护来说，要充分考虑到男性独特的生理、心理特点，如去油腻、消烟渍、独特香型等。

2. 宠物清洁产品将成为未来重要增长点

对于大众消费者来说，传统的洗涤用品消费分为家居护理和个人护理系列，而随着宠物经济的兴起，人们对宠物清洁护理的需求不断上升，该细分市场前景广阔。天猫新品创新中心于2022年年初发布的《宠物清洁市场趋势报告》显示，淘系平台的宠物清洁客群占总体宠物用品购买人群的近1/4；宠物清洁总体增速35%，基础清洁、五官清洁、身体清洁、环境清洁等各赛道均保持较高增速。

3. 洗涤用品加快提升品牌文化价值

一方面，日化产品很难避免同质化，无论是产品功效还是配方、香型，既难以实现个性化、差异化，出现新品、爆品后对方跟随效仿的门槛又很低；另一方面，目前我国消费者对日化产品的品牌忠诚度尚处于较低水平，而且在不同品牌之间转换的成本又非常低，这就造成了长期以来我国洗涤用品市场中的同质化竞争的严重内卷现象。单一强调产品功效、品质往往使得消费陷入一种极致性价比的考量中，而对品牌文化价值的提升，才能更好地占领消费者底层心智，获得更高的忠诚度。

提升品牌文化价值，首先要有持续的、系统的品牌形象建设，避免落入阶段性大投入、火爆出圈后即销声匿迹的"网红"境况，其次要讲好品牌故事，赋予品牌丰富的情感内容，与消费者建立情感触接，在商品硬品质之上升华文化软实力，从价值观层面获得消费者的高度认同感；此外，对于新品类来说，迅速建立品牌即品类的高关联认知，也是迅速建立高品牌价值的有效方式。蓝月亮就是靠着这种消费者认知优势，在洗衣液市场保持了连续14年市场占有率第一的销售地位。

4. 日化行业绿色环保、可持续发展

随着消费者对环境的日趋重视及日化工艺的低碳化发展，我国日化行业绿色环保、可持续发展的特点将更加突出。

除去推动科技含量高、资源消耗低、环境污染少等生产方式绿色化，日化行业在市场销售终端也将为推动全社会的生活方式绿色化做出贡献。一是大力推广可降解、可循环再生的环保包装，二是销售门店的绿色化、低碳化，三是商品强调天然有机原料，并加大推广和提升浓缩产品洗涤市场，从思想观念、消费模式等方面迎合和引领消费者自觉参与生态环境保护、切实践行绿色发展理念。

六、2022 年我国主要商品消费市场运行情况——家电市场

2022 年，新冠疫情对中国家电消费市场造成了一定影响，导致销售增速有所下降。但是，新冠疫情也提高了消费者对健康的重视程度，这将推动家电市场不断推陈出新，满足人们对健康、环保、舒适等多方面的需求。同时，随着技术的不断发展，家电产品的智能化、人性化等方面将会得到不断提升，这些因素将推动家电消费市场的增长。未来，政府将继续加大对家电消费的刺激政策力度，鼓励智能化、绿色化发展，促进消费升级。可以预见，在政府政策的支持和技术的不断推动下，家电消费市场将逐步恢复市场活力，成为消费品市场增长的重要推动力量。

（一）2022 年我国家电市场整体运行情况

1. 家电销售出现一定程度下降

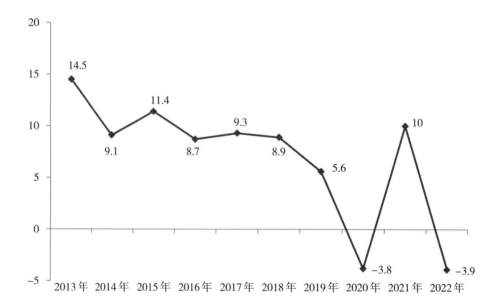

图 2-48　2013—2022 年限额以上企业（单位）家用电器及音像器材零售额增速（%）
数据来源：国家统计局。

根据国家统计局发布的数据，2022 年，限额以上家用电器及音像器材零售额同比下降了 3.9%。这一数据表明，市场在 2022 年经历了一定的下滑，这主要是由于新冠疫情导致了整体经济的放缓和消费信心的下降，从而影响到家电市场的销售。

根据中华全国商业信息中心统计数据显示，2022 年全国重点大型零售企业的家用电器零售额同比下降了 7.5%，低于上年同期 19.2 个百分点，呈现较大幅度的下降。这一数据印证了限额以上家用电器市场在 2022 年的销售下降的态势。

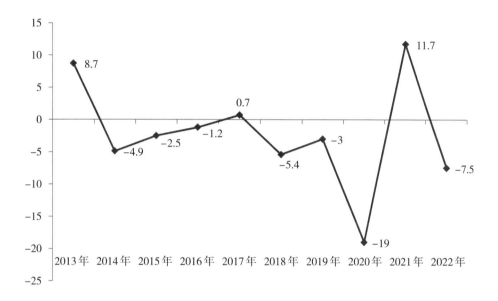

图 2-49 2013—2022 年全国重点大型零售企业家用电器零售额同比增速（%）

数据来源：中华全国商业信息中心。

分类别看，2022 年，全国重点大型零售企业洗衣机、电冰箱、吸尘器、食品加工机和电磁炉等品类零售额下降比较明显，其中食品加工机类的零售额同比下降最为显著，达 27.6%。微波炉类零售额增长相对较好，但增长率不高，仅为 0.3%，微波炉销售相对较好与新冠疫情防控期间消费者更多地选择在家烹饪和加热食品有关。

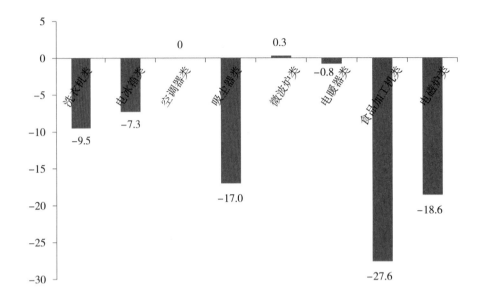

图 2-50　2022 年全国重点大型零售企业各类家用电器零售额同比增速（%）

数据来源：中华全国商业信息中心。

2. 零售价格水平保持相对稳定

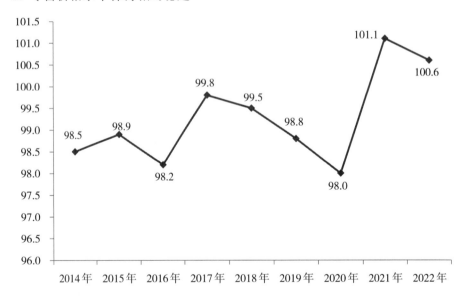

图 2-51　2014—2022 年家用电器及音像器材类商品零售价格指数

数据来源：国家统计局。

近年来，我国家用电器及音像器材商品的零售价格指数波动较小，大多数年份变化幅度在2%以内。具体来看，2014年至2016年的指数均在98左右，2017年至2019年略有波动，2020年达到近年来的最低值98.0，2021年达到近年来的最高值101.1。由于新冠疫情的持续影响，2022年指数略微下降至100.6。

从分月数据来看，家用电器及音像器材类商品的零售价格指数自1—2月以后总体呈下降趋势，但在中间几个月有所波动，最后两个月指数值分别为99.0和98.9。

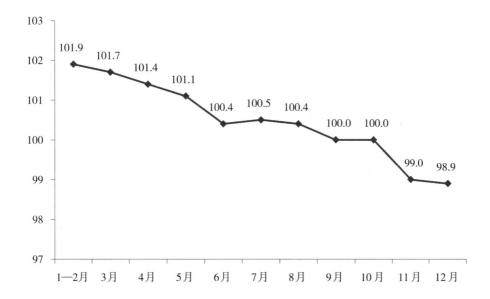

图2-52　2022年各月家用电器及音像器材类商品零售价格指数（上年同月＝100）

数据来源：国家统计局。

3. 网上销售更加成熟，实体店渠道创新发展

经过近年的发展，我国家电网上销售已经日渐成熟。在新冠疫情的推动下，越来越多的消费者开始接受网上购物，家电网上销售也得到了进一步推广和普及。同时，随着快递物流网络的完善和售后服务的提升，越来越多的消费者开始选择在网上购买家电。

网上销售的较快增长给实体店带来较大的压力，为此实体店也不断通过创新来增强其竞争力。实体店正在积极调整产品结构，推出更符合消费者需求的高品质、智能化、绿色环保的家电产品，并提供优质的售前、售中、售后服务，以满足消费者对于品质、服务、体验等方面的全新需求。此外，实体店还通过线上线下融合，将线上优势和线下优势进行结合，提供更加便捷的购物体验和服务，同时加强与供应商和厂商的合作，优化商品采购和供应链管理，降低成本和提高效率。

4. 升级换代是居民家电消费的主要需求

经过多年的发展，我国家电行业市场规模已经基本趋于饱和。在城市市场，尤其是一线、二线城市，居民家电消费的主要需求是升级换代。为满足消费者对健康、节能、环保、时尚、个性化等多样化需求，家电产品的升级方向主要是提高产品的智能化、多功能性、个性化和舒适度，不断满足消费者对高品质、高体验的追求。以彩电为例，从液晶电视到智能电视、超高清电视，再到人工智能电视，不断有各种新型产品推出，为市场带来新的亮点。在未来，随着科技的发展和生活方式的改变，家电产品仍将继续升级换代，更好地服务于人们的生活。同时，随着互联网和新零售的兴起，家电销售渠道也在不断创新和升级，线上线下相结合，以满足消费者更为便捷、多元化的购物需求。

5. 品牌集中度较高，领军品牌优势明显

我国家电市场中，大多数家电品类的前十品牌市场综合占有率合计均超过80%，其中彩色电视机和家用冷柜领域的前十品牌市场占有率总和更是超过了90%，这表明市场竞争非常激烈，品牌集中度较高。

在大多数品类中，领军品牌的优势明显。例如，房间空调器领域前三品牌的市场占有率总和已经超过了60%。在高端家用电冰箱、家用冷柜和家用电风扇领域，前三品牌的市场占有率总和则超过了50%。数据还显示，海尔品牌在多个家电品类中表现突出，例如热水器、电冰箱、彩色电视机和洗衣机等。此外，美的、格力、卡萨帝等品牌也在各自的领域拥有很高的市场份额。

值得注意的是，虽然国际品牌如西门子、索尼、飞利浦等在中国家电市场上也占有一定份额，但相较于国内品牌仍有一定差距。随着国内家电品牌的技术不断提升和品牌建设的不断深入，国际品牌的竞争优势也在逐渐减弱。

总体而言，中国家电市场的竞争趋势是品牌集中度逐渐增加，市场份额逐渐向头部企业集中。

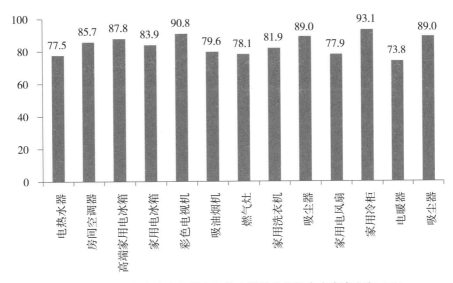

图 2-53 2022 年各家电品类市场前十品牌市场综合占有率之和（%）

数据来源：中华全国商业信息中心。

（二）2022 年大型零售企业主要产品运行情况

1. 彩电销售降幅相比上年有所扩大

中华全国商业信息中心数据显示，2022 年全国重点大型零售企业彩电零售量同比下降 8%，降幅比上年扩大 7.5 个百分点。尽管 2022 年彩电零售量降幅有所扩大，但彩电市场的数字化、智能化的需求越来越大，消费者对于高清晰度、大尺寸、高音质的电视机的需求不会减少。企业应调整策略，推出更具创新性、高品质的产品来吸引消费者。

2. 电冰箱销售波动较大

数据显示，全国重点大型零售企业电冰箱销售在 2018 年到 2022 年间波动较大，变化幅度在 -15.4% 到 6% 之间。2020 年全国重点大型零售企业电冰箱零售量同比下降了 15.4%，2021 年有所回升，同比增长了 6%，2022 年同比增速再次出现下降，为 -6.9%。随着科技的不断发展和人们对生活品质的不断追求，消费者对电冰箱产品的性能和功能要求也越来越高。因此，他们更愿意购买具有更高性能、更先进技术的冰箱产品。预计未来电冰箱消费市场将随着消费者需求的变化而不断升级，有望出现回暖。

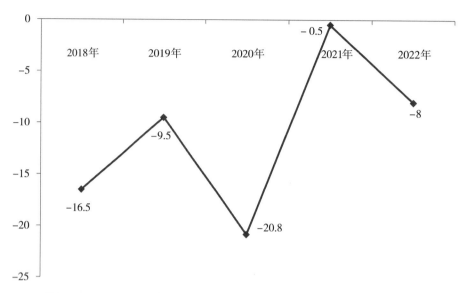

图 2-54　2018—2022 年全国重点大型零售企业彩电零售量同比增速（%）

数据来源：中华全国商业信息中心。

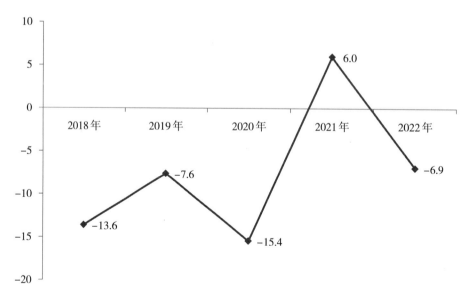

图 2-55　2018—2022 年全国重点大型零售企业电冰箱零售量同比增速（%）

数据来源：中华全国商业信息中心。

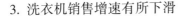

3. 洗衣机销售增速有所下滑

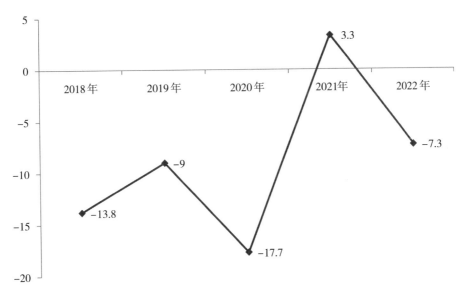

图 2-56　2018—2022 年全国重点大型零售企业家用洗衣机零售量同比增速（%）

数据来源：中华全国商业信息中心。

全国重点大型零售企业家用洗衣机销售在 2018—2022 年间整体销售趋势呈现下降，特别是 2020 年零售量同比下降了 17.7%，2021 年在政府补贴政策的刺激下零售量增速提升至 3.3%，然而 2022 年零售量增速继续下滑至 -7.3%。

4. 房间空调器销售整体呈现下降趋势

数据显示，全国重点大型零售企业房间空调器销售仍呈现下降趋势，零售量同比增速从 2018 年的 -5.2% 下降到 2020 年的 -25.0%，2021 年零售量降幅收窄至 -0.5%，但是 2022 年零售量同比再次下降了 8.2%，主要是受到房地产调控、销售渠道多元化、电商冲击和新冠疫情的影响。

5. 部分中小型家电销售增长较快

2022 年全国重点大型零售企业中的各类家用电器中洗碗机零售量增速最高，为 9.3%，其次是微波炉、电热水器和电暖器，增速分别为 7.3%、6.4% 和 6.0%，表明市场增长较快的家电产品主要集中在给人们带来便捷性和舒适性的中小型家电上，这些产品符合当前消费者对于生活品质提升和生活方式改变的需求，因此其市场需求正在增加。

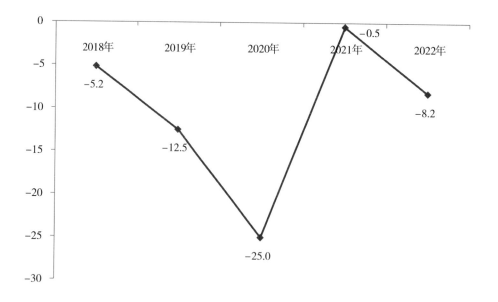

图 2-57　2018—2022 年全国重点大型零售企业房间空调器零售量同比增速（%）

数据来源：中华全国商业信息中心。

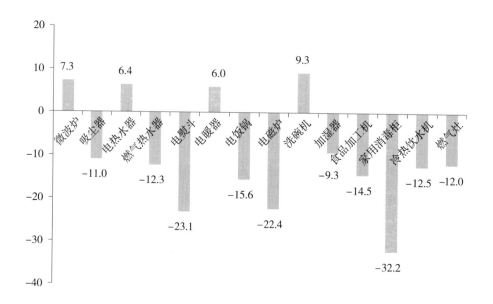

图 2-58　2022 年全国重点大型零售企业部分小家电零售量同比增速（%）

数据来源：中华全国商业信息中心。

　　另外，一些传统的家电产品如吸尘器、电饭锅、燃气热水器等零售量同比降幅较大，主要是由于这些产品的功能已经比较成熟，消费者的更新换代需求不强。此外，电熨斗、电磁炉、家用消毒柜等家电产品的零售量同比下降超过20%，主要是由于消费者更倾向于选择更加环保、智能、健康的产品，这些传统的家电产品需要更新换代或者提升自身的竞争力。

（三）2023年家电消费市场发展趋势

1. 政策将助力2023年家电消费市场恢复增长

　　2022年7月28日，国家商务部等13个部门发布了《促进绿色智能家电消费若干措施》的通知，同时，中央政府也在最新的一号文件中鼓励有条件的地区开展新能源汽车和绿色智能家电下乡政策，这些措施为家电市场带来了新的发展机遇。具体的政策措施包括旧家电更新换代、绿色智能家电下乡、加强废旧家电回收利用等。首先，以旧换新活动的开展将促进市场的转型升级，推动家电产品向智能化、绿色化、高端化方向发展，提升市场的整体竞争力和消费者体验。其次，推进绿色智能家电下乡的政策将带动农村市场的发展。同时，加强废旧家电回收利用的政策将带动废旧家电的资源再利用，促进循环经济的发展。通过加强废旧家电回收处理、提高回收利用效率、打造绿色生产和消费环境，将促进家电市场的可持续发展和创新发展。预计2023年家电市场将在国家一系列有力措施下恢复增长。

2. 家电消费市场绿色低碳转型趋势进一步增强

　　在双碳目标的推动下，家电消费市场绿色低碳转型已经逐渐成为趋势。政府在推进家电绿色低碳转型方面，采取了一系列的政策和措施，包括引导消费者建立绿色消费观念，推进家电产品能效提升，推广节能型、绿色环保型家电产品，并加强废旧家电回收利用等方面。同时，消费者方面逐渐形成了绿色消费的主流趋势，越来越注重选择符合环保标准的家电产品，通过绿色家电的使用和废旧家电的回收利用等行动，推动家电消费市场的绿色低碳转型。此外，家电生产企业也加大了对环保和能效的研发和投入力度，推出了更多的绿色、智能化、节能型产品，同时也推广反向定制（C2M）、个性化设计、柔性化生产和智能制造等新技术和新模式。通过政府、企业和消费者的共同努力，家电消费市场的绿色低碳转型将会持续向前发展。

3. 健康意识升级带动相关家电产品发展

随着人们健康意识的提高，家电市场也迎来了新的机遇。在 2022 年，新风空调持续展现强劲的增长势头，主流品牌美的、格力、海尔等均推出了新一代的升级产品。这些产品在新风量、噪声和温湿度调节等方面进一步提高了用户的舒适度，满足了人们对空气质量和生活品质的需求。另外，各种具备健康除菌功能的家电也成为了市场的新动能。例如，洗衣机市场推出了各类产品，如具有健康除菌功能的洗衣机、干衣机、洗干一体或洗护合一的滚筒洗衣机、迷你洗衣机以及分区多筒洗衣机等，满足了人们对卫生和健康的需求。同时，大容量且具有除菌功能的冰箱在新冠疫情防控期间也受到关注。因此，可以预见，随着人们对健康的关注度不断提高，家电市场也将继续推陈出新，满足人们对健康、环保、舒适等多方面的需求，为人们的生活带来更多的便利。

4. 品牌更加注重产品人性化设计和用户体验

随着消费者对生活品质和使用体验的要求不断提高，家电品牌应更加注重产品设计和用户体验，以满足消费者的实际需求和情感诉求，赢得更多的市场份额和用户口碑。首先在外观设计方面，人性化的外观设计不仅要满足功能需求，更要体现出美感，人性化的外观设计可以更好地引起用户的共鸣和情感联系。其次是贴心功能设计，家电产品的功能设计应该更贴心、更符合用户的实际需求。例如，空气净化器可以增加智能感应功能，定期自动清洁，让用户更加省心；洗衣机可以添加脱水前自动清洁程序，为用户提供更加健康的生活环境。这些贴心的功能设计可以让用户感受到品牌的关怀和用心。最后是用户体验优化，家电产品的用户体验应该简捷、友好、易用。从用户的角度出发，消除烦琐的步骤和操作，优化用户体验，从而提高用户的满意度和情感附加值。

5. 家电企业跨界融合带来新的机遇

在当前的市场环境下，家电企业为了保持竞争力，需要不断创新和扩展业务范围。因此，越来越多的家电企业开始涉足其他领域，比如智能家居、物联网等。这些领域的跨界融合可以为家电企业带来新的发展机遇和竞争优势，跨界融合也带来了新的产品和服务体验。通过将智能化、互联网、物联网等技术应用到家电产品中，家电企业可以为消费者带来更加智能、便捷的产品和服务，提升用户体验。另外，其他行业也开始进入家电领域，比如互联网企业、通信企业等。他们通过技术、渠道等方面的优势，为家电行业带来了新的发展思路和方式。比如，互联网企业可以利用自身的平台和用户资源，为家电企业提供新的销售渠道。家电行业的跨界融合趋势已经形成，未来家电企业需要不断探索新的领域，整合资源，提升核心竞争力，才能在市场竞争中立于不败之地。

6. 现代信息技术对家电市场产生广泛的影响

首先，智能家居系统将会得到推广和发展，人们可以使用智能手机或其他智能设备通过互联网远程控制家电，实现更加智能化的家居生活。例如，用户可以通过语音指令或手势控制智能电视、智能音响等家电设备，实现更加便捷的娱乐体验。其次，现代信息技术可以通过智能化算法和大数据分析，为用户提供个性化的家电服务。例如，智能洗衣机可以根据用户的使用习惯和洗涤需求，智能调节洗涤时间、水温和用量，从而实现高效、节能、环保的洗涤效果。最后，现代信息技术还可以通过远程监测和诊断，实现对家电设备的远程控制和维护，提高设备的可靠性和使用寿命。现代信息技术在家电行业还将带来更多创新，如在智能厨房、智能卫浴等领域的发展，为人们带来了更加智能化、便利性、安全性和环保性的家居生活。

7. 数字化应用推进家电市场全面转型升级

通过数字化技术的应用，传统的家电行业可以实现全面升级。首先，数字化技术的应用将为消费者带来更好的客户体验，包括更便捷地获取产品信息和价格，以及更智能化的客户服务。其次，数字化技术的应用将带来更多的产品创新，比如智能家电、物联网家电等。这些产品可以通过传感器、人工智能、云计算等技术实现远程控制和智能化的功能，更好地满足消费者的需求。最后，数字化转型将会推动家电行业的整体升级，增强企业的竞争力。那些能够更好地应用数字化技术，提供更好的产品和服务的企业，将会在市场上获得更大的优势。

七、2022年我国主要商品消费市场运行情况——食品市场

2022年，受到新冠疫情的影响，我国食品消费市场增长速度有所放缓，但整体

仍保持了稳定较快增长。为进一步扩大国内需求，2023 年我国将优先考虑恢复和扩大消费，并采取多项措施提高居民的消费能力和市场消费信心，这将对我国食品消费市场的增长形成有力保障。未来，随着经济水平的提高和消费升级的推进，消费者对食品品质、健康和安全的需求将不断提高，成为推动市场向前发展的重要动力。同时，网络技术和数字化转型也为食品消费市场带来了更多便捷和创新的可能性。例如，预制菜的快速发展和实体销售的加速转型将成为未来发展的重要方向。

（一）2022 年食品消费市场总体运行情况

1. 粮油、食品类销售保持稳定较快增长

根据国家统计局发布的数据，近几年限额以上企业粮油、食品类商品零售额保持了稳定的较快增长。从 2017 年至 2019 年同比增速都稳定在 10.2%，2020 年同比增速略有放缓，为 9.9%，2021 年同比增速再次回升至 10.8%，2022 年同比增速相较上一年有所放缓，但仍然保持了 8.7% 的较快增长。

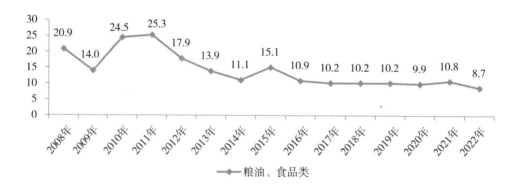

图 2-59　2008—2022 年限额以上企业粮油、食品类商品零售额同比增速（%）

数据来源：国家统计局。

2. 全国重点大型零售企业食品销售降幅趋缓

中华全国商业信息中心数据显示，2020 年受新冠疫情影响，全国重点大型零售企业粮油、食品类商品零售额增速出现下降，下降幅度为 -4.9%。2021 年和 2022 年，粮油、食品类商品零售额仍然呈现下降趋势，下降幅度分别为 -12.1% 和 -3.7%，主要是受到新冠疫情和销售渠道分散化的影响。

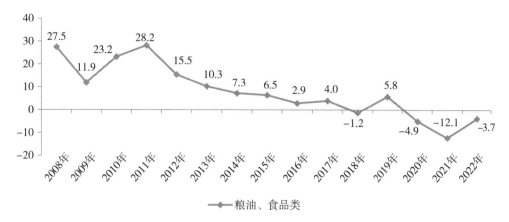

图 2-60 2008—2022 年全国重点大型零售企业粮油、食品类商品零售额增速（%）

数据来源：中华全国商业信息中心。

3. 多数食品类别零售同比增速有所回升

2022 年，全国重点大型零售企业绝大多数食品类别增速呈现回升态势，其中家禽类、水产品类、蔬菜类和干鲜果品类的同比增速相对较高，分别为 5.2%、3.0%、4.7% 和 2.8%。食用油类、肉类和冷冻食品类零售额虽然同比下降，但降幅相比上年明显收窄。

表 2-3 2018—2022 年全国重点大型零售企业各类食品零售额同比增速（%）

食品类别	2018 年	2019 年	2020 年	2021 年	2022 年
粮食类	0.9	1	6.3	-6.2	1
食用油类	-6.8	1	0.7	-3.4	-1.4
肉类	-5.3	15.3	24.8	-16	-2.6
家禽类	1	17.1	14.8	-21.2	5.2
蛋类	3.2	6.8	-8.8	-1.8	2.4
水产品类	-1.1	6	-6.6	-1.4	3.0
蔬菜类	3.4	7.2	16.5	-11.5	4.7
干鲜果品类	-0.2	6.6	-9.5	-2	2.8
奶及奶制品类	1.1	5.7	-5.9	-6.2	-9.5
滋补食品类	-6	-6.8	-12.7	4.2	-11.2
冷冻食品类	16.8	11.1	5.8	-4.8	-3.1

数据来源：中华全国商业信息中心。

4. 食品烟酒类消费支出占比上升

2013 年至 2019 年间，我国居民的恩格尔系数呈现下降趋势，即食品烟酒类支出占全部消费支出的比重在逐年下降，该比重从 31.2% 下降到 28.2%。然而，在新冠疫情影响下，居民消费偏谨慎，降低了对可选商品的支出，使得食品烟酒支出所占比重上升，2022 年为 30.5%，相比上年提升了 0.7 个百分点。

图 2-61　2013—2022 年我国居民食品烟酒支出占全部消费支出的比重（%）（恩格尔系数）

数据来源：国家统计局。

5. 居民食品消费价格呈上涨趋势

2022 年居民食品消费价格指数为 102.8，相比上年出现了一定程度的回升，但仍远低于 2020 年 110.6 的水平。整体而言，近年我国居民食品消费价格指数呈上升趋势，除 2021 年下降至 98.6 外，其余年份均高于居民消费价格指数。

从分类别来看，2022 年大多数细分品类的价格都出现了上涨，其中鲜果、蛋类和食用油的涨幅较为显著，分别为 12.9%、7.2% 和 5.8%。畜肉类整体呈下跌趋势，其中猪肉下跌幅度较大，达到了 -6.8%。

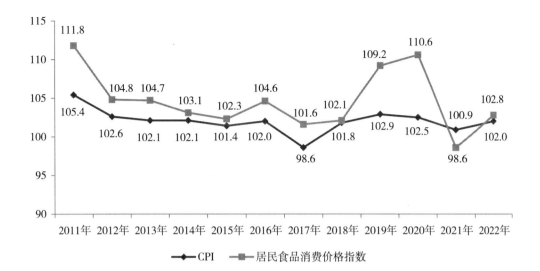

图 2-62 2011—2022 年全国居民消费价格指数和居民食品消费价格指数

数据来源：国家统计局。

表 2-4 2022 年分类别食品烟酒消费价格指数涨跌幅（%）

类别	2022 年涨跌幅（%）
食品烟酒	2.4
粮食	2.8
食用油	5.8
鲜菜	2.8
畜肉类	−4.3
其中：猪肉	−6.8
牛肉	0.9
羊肉	−3.7
水产品	1.9
蛋类	7.2
奶类	0.8
鲜果	12.9
卷烟	1.5
酒类	1.6

数据来源：国家统计局。

6. 网上食品类商品零售额较快增长

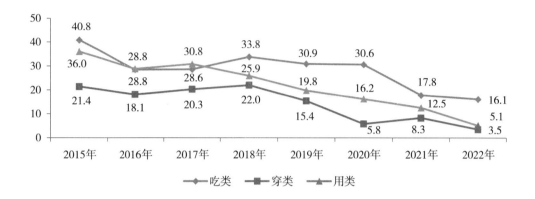

图 2-63　2015—2022 年全国实物商品网上零售额中吃、穿、用类同比增速（%）

数据来源：国家统计局。

数据显示，2022 年实物商品网上零售额中，吃类商品增长了 16.1%，呈现出较快的增长态势，虽然同比增速比上年放缓 1.3 个百分点，但 2022 年是吃类商品连续第 5 年显著高于穿类和用类零售额增速。受线上线下融合和数字化转型的推进影响，吃类商品在网上销售方面仍然具有广阔的发展空间。可以预见，随着电商的不断发展，吃类商品在网上销售的规模和比重将继续保持增长，成为网络零售市场的重要增长点。

（二）2022 年食品消费市场特点分析

1. 食品安全性和质量不断提高

首先是政府加大了对食品生产、流通和销售环节的监管力度，同时加强了食品安全教育和宣传，提高了民众对食品安全的意识。此外，一些新的食品安全技术和标准也逐步被引进和推广，如用追溯系统、大数据等来监控食品生产、存储和运输过程、无公害农产品认证等。这些新技术和标准有助于提高食品的品质和安全性，同时也为食品生产和销售提供了更多的保障。新冠疫情暴发以来，为了防止新冠疫情扩散，食品生产企业、餐饮企业和消费者也采取了更加严格的卫生防护措施，新冠疫情也促使相关部门加强食品安全监管，推进食品安全法律法规的完善，以确保公众的健康和安全。

2. 消费者购买食品时更加注重便捷性和即时性

随着现代科技的不断发展，食品消费已经变得越来越便捷和即时化。在过去，人们可能需要花费很长时间到超市或者农贸市场购买食材，然后再花费时间烹饪，这个过程可能需要几个小时甚至更长时间。但是现在，随着外卖和即时配送服务的发展，人们可以轻松地在手机上点餐，这个过程只需要等待几十分钟就可以。

此外，这几年快餐和方便食品市场获得了较快的发展，新冠疫情防控期间尽管传统的餐饮受到了较大的冲击，但是肯德基、麦当劳、必胜客、汉堡王等快餐品牌凭借快捷的餐饮服务，销售情况相对较好。同时，各种即时食品、方便面、零食等也非常受欢迎，这些食品不仅方便快捷，而且价格相对较低。

然而，随着生活节奏的加快，人们寻求便利的消费行为也带来了一些健康问题。长期食用快餐和方便食品可能会对身体健康造成不良影响。因此，一些食品品牌和餐饮企业也开始注重产品质量和营养成分，推出更健康的食品，例如添加营养元素和健康的轻食。

未来，随着科技的不断发展和人们生活方式的变化，消费者对便捷和即时性的需求将会继续加强，食品企业需要不断研发新产品，满足人们对健康、味美、方便的需求。

3. 食品消费需求多元化、个性化、品质化

过去，人们的食品选择相对较为单一，主要集中在传统的本土美食和基本的食品种类上。但是现在，随着互联网的发展，人们对于不同文化和地域的食品也有了更多的接触和了解。这导致人们对于食品的选择更加多样化，不再局限于传统的口味和品种。

此外，消费者对于食品的口感和质量也有着更高的要求。他们希望食品的口感更加丰富多样，质量更加稳定和可靠。因此，许多食品企业也开始加强研发和改进传统的食品产品，以提高口感，满足消费者个性化的需求，这为食品消费市场带来了新的机遇。

同时，现代消费者对于食品的健康和营养价值也更加注重。他们更倾向于选择含有营养成分丰富、健康、有机和无添加剂的食品。因此，许多食品企业也开始注重研发和推广这些健康的高品质食品，以满足消费者的需求。

4. 跨界合作成为食品品牌营销的重要方式

随着消费者对食品品牌的期望越来越高，食品品牌需要不断寻求新的创新和营销方式来吸引消费者的注意力和提高品牌认知度。其中，跨界合作已经成为了越来越多的食品品牌选择的一种营销方式。例如食品品牌与时尚、体育、艺术、科技等领域的跨界合作，通过联名款等方式推出新产品，借助其他品牌的影响力来扩大自己的品牌知名度。跨界合作还可以为品牌提供新的创意和灵感，促进品牌的创新和发展。

除此之外，跨界合作还可以通过交叉营销的方式，使得品牌能够触达更多的潜在消费者。例如，一些食品品牌与在线游戏公司合作，推出联名款的游戏食品，既可以吸引游戏玩家消费，也可以让食品品牌进入游戏领域。

(三) 2023 年食品消费市场发展趋势

1. 政策措施将促进食品消费市场恢复和增长

根据 2023 年政府工作报告，政府将致力于扩大国内需求，把恢复和扩大消费摆在优先位置，以推动经济的稳定发展。为此，政府将继续采取稳定就业、减税降费、支持小微企业和扩大社会保障覆盖面等措施，以增强居民消费能力，这些将成为促进食品消费市场增长的重要动力。政府的相关措施还包括促进农村电商发展、支持农产品供应链体系建设、提高农产品质量、扩大农产品的消费市场以及加强食品安全监管等，这些措施将有助于促进食品消费市场的增长和恢复。

此外，中共中央、国务院 2023 年 3 月印发了《数字中国建设整体布局规划》，强调数字中国是数字时代推进中国式现代化的重要引擎，是构筑国家竞争新优势的有力支撑。政府将积极推进数字消费，通过数字技术，一方面，企业可以构建更加高效的供应链和物流体系，进一步提高产品的竞争力和服务效率；另一方面，消费者可以更方便地获取食品信息、下单购买，并参与互动体验，这种新的消费方式也进一步促进了食品消费市场的增长，并为市场发展带来了新的机遇。

2. 线下实体店销售渠道加速创新

随着消费者对于健康、品类以及购物便利性要求的不断提升，线下实体店食品零售面临着较大的挑战。一方面，消费者更加注重食品的品质、安全和健康，他们更倾向于选购有机、天然、无添加的食品产品，以及尝试创新口味的食品。另一方面，消费者的购物习惯也在悄然发生着变化，越来越多的人开始选择线上购物，通过电商平台和社交媒体来寻找自己需要的食品产品，从而避免了线下购物时可能遇到的拥挤和等待。

在这种情况下，线下实体店需要采取更加灵活和创新的方式来应对挑战。首先，线下实体店需要加强食品质量和安全方面的管理，确保所售食品的品质和安全符合消费者的期望。同时，线下实体店还需要在产品选择和品牌经营方面进行差异化的创新，可以引入一些独特的产品和品牌，满足消费者对多样化和个性化的需求。此外，还可以加强与本地农场和厂商的合作，推出本地特色食品和品牌，从而吸引更多的消费者。线下实体店还可以通过数字化和智能化的手段来提升消费者的购物体验和便利性。

3. 社交媒体对食品消费和营销的影响将不断扩大

随着社交媒体的普及，消费者对于食品消费的选择越来越依赖社交媒体平台上的信息和推荐。消费者可以通过社交媒体了解食品品牌、口碑、用户评价等信息，通过在线社群分享、点评和讨论等方式获取更多的消费经验。同时，各大社交媒体平台也在积极探索社交电商的新模式，如抖音、微信、淘宝等平台不断推广直播带货、社区团购等，使得消费者在社交媒体平台上购买食品更加方便，并享受到更多的优惠和服务。此外，社交媒体上的用户互动和分享也为食品品牌的品牌传播和口碑积累提供了更多的机会。越来越多的食品品牌选择在社交媒体上开设官方账号，通过分享产品信息、发布营销活动、与用户互动等方式，吸引消费者的关注和购买。

第三部分 2022 年我国零售业发展运行情况

2022 年，面对经济运行中出现的超预期因素冲击，在以习近平同志为核心的党中央坚强领导下，各地区、各部门高效统筹新冠疫情防控和经济社会发展，促消费政策显效发力。在这一背景下，消费和零售市场继续保持恢复态势，2022 年全年零售市场规模保持正增长，且网上零售较快增长，实体零售业也逐步恢复。各商品类别中，必需类商品销售表现较为稳健，升级类商品零售保持较快增长。2022 年，尽管零售百强企业销售增速略低于社会消费品零售总额增速，但零售百强企业在灵活应对变化的市场环境中仍保持稳健的发展态势。从趋势上看，我国零售市场规模大、潜力足、韧性强，长期平稳向好趋势并未改变。

一、全年零售市场规模保持正增长

根据国家统计局数据显示，2022 年我国社会消费品零售总额中商品零售额为 39.6 万亿元，同比增长 0.5%。尽管增速较低，但仍保持了正增长的态势，显示出我国零售市场受新冠疫情影响表现出较强的韧性，即便受到居民收入增长放缓和消费意愿减弱的影响，零售市场仍能逐渐恢复，并继续保持了规模上的增长。

从分月来看，2022 年新冠疫情多发、频发对零售市场恢复扰动影响较大。1—2 月，商品零售额同比增速为 6.5%，呈现较快的增长态势。3—5 月，受到上海等地新冠疫情冲击，市场销售出现下降，商品零售额增速分别为 -0.4%、-9.7% 和 -5.0%。6—9 月，随着一系列促消费政策的落地显效，市场主体加快复商复市，市场销售增速逐渐回升，同比增速均保持在个位数的增长。10 月以后，新冠疫情再次反弹，对市场销售造成冲击，10 月商品零售额增速明显回落至 0.5%，11 月和 12 月零售额增速分别下降 5.6% 和 0.1%。

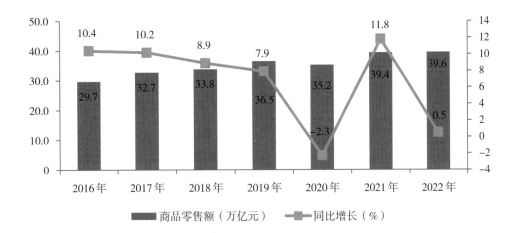

图 3-1　2016—2022 年社会消费品零售总额中商品零售额及同比增长速度

数据来源：国家统计局。

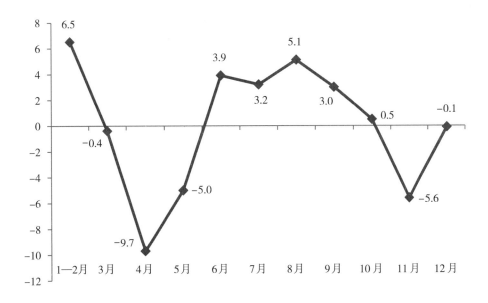

图 3-2　2022 年社会消费品零售总额中商品零售额各月同比增长速度（%）

数据来源：国家统计局。

二、网上零售较快增长，占比略有提升

在新冠疫情防控期间，由于社交距离和限制措施，许多人转向网上购物以满足购物需求。这一趋势加速了网上零售的发展。移动互联网技术的成熟应用和物流配送体系的不断完善，也是网上零售增长的关键因素。根据国家统计局数据显示，2022年，实物商品网上零售额比上年增长了6.2%。实物商品网上零售额占社会消费品零售总额的比重为27.2%，较上年提高了2.7个百分点，网上零售在整体零售市场中份额略有提升。

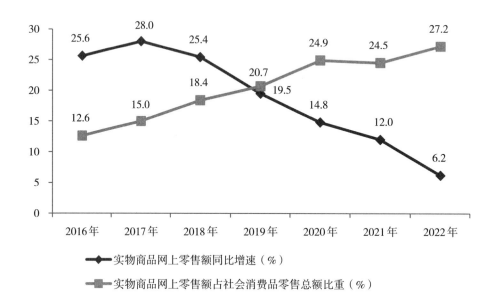

图 3-3 2016—2022 年我国实物商品网上零售增速及占比情况

数据来源：国家统计局。

在实物商品网上零售额的增长中，吃类商品呈现出较快的增长趋势，增幅达到16.1%，反映了居民对食品、生鲜等吃类商品在网上购买的需求日益增长。穿类商品的增长为3.5%，用类商品的增长为5.7%，表明居民对服装、鞋帽等穿类商品以及家居用品、数码电器等用类商品的网上购买需求也在稳步增长。

三、实体店商品零售略有增长，必需类商品销售较好

2022年传统实体店在不断推进数字化转型升级的同时，持续拓展和提升消费场景与体验，从而实现了商品零售的增长。根据国家统计局数据显示，2022年，限额以上零售业实体店商品零售额比上年增长1%。

此外，从限额以上单位商品零售来看，必需类商品的销售相对稳定。2022年限额以上单位商品零售数据显示，粮油、食品类商品增长了8.7%，饮料类增长了5.3%，防疫物资中、西药品类增长了12.4%，这些基本生活类商品增速均高于限额以上商品零售总额1.9%的增速，反映了即使在特殊时期，居民对这些生活必需品的需求维持稳定。

高品质、文化类商品也表现出良好的增长态势。2022年限额以上单位商品零售额中书报杂志类和文化办公用品类商品零售额增速分别为6.4%和4.4%，快于限额以上单位商品零售整体水平，表明居民在购买商品时更加注重品质和文化内涵，而不仅仅是满足日常需求，文化消费和知识阅读成为市场销售热点。

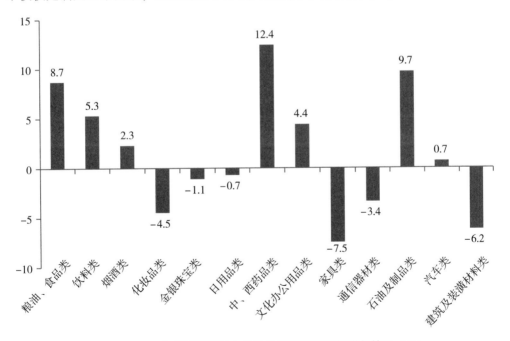

图3-4　2022年我国限额以上单位各类商品零售额增长情况（%）

数据来源：国家统计局。

四、中国商业零售百强企业销售规模增速低于社会消费品零售总额增速

根据中国商业联合会和中华全国商业信息中心的统计数据显示，2022 年中国商业零售百强企业（以下简称百强企业）的销售规模为 3.3 万亿元，同比下降了 4.2%（按可比口径计算），与社会消费品零售总额增速相比，百强企业增速低于社会消费品零售总额增速 4.0 个百分点。

从销售规模分布来看，超过 1000 亿元销售规模的企业有 5 家，销售规模同比下降 4.2%。超过 500 亿元的企业有 8 家，销售规模同比下降 2.6%。在 100 亿到 500 亿元之间的有 39 家企业，销售规模同比下降 3.9%。销售规模 100 亿元以下的企业有 48 家，销售规模同比下降 8.2%。

从集中度来看，前三家企业的销售规模合计为 1.3 万亿元，占百强企业总销售规模的比重为 39.4%。前十家企业的销售规模合计为 1.9 万亿元，占百强企业总销售规模的比重为 58.8%。前二十家企业的销售规模合计为 2.4 万亿元，占百强企业总销售规模的比重为 72.1%。

五、中国商业零售百强企业中超市和便利店保持正增长

新冠疫情发生以来，按照新冠疫情防控需要，居民主动减少外出购物、减少聚餐聚会，非生活必需类商品销售受到明显冲击。在零售百强企业中，以实体店为主的零售企业占百强销售规模的比重为 70.5%，同比下降了 7.1%。

实体百强零售企业各业态中，百货店、专业店、购物中心和奥特莱斯分别占百强销售规模的比重为 32.5%、9.6%、3.0% 和 1.2%，同比增速分别下降了 9.3%、20.2%、0.9% 和 3.0%；超市和便利店占百强销售规模的比重分别为 21.7% 和 2.6%，同比分别增长了 1.5% 和 2.8%。

表 3-1　2022 年零售百强中实体零售店不同业态的销售规模增速及占比

业态	在百强中的销售占比（%）	销售规模增速（%）
百货店	32.5	-9.3
专业店	9.6	-20.2
购物中心	3.0	-0.9
奥特莱斯	1.2	-3.0
超市	21.7	1.5
便利店	2.6	2.8

从数据上看，与居民基本生活密切相关的便利店和超市受新冠疫情冲击相对较小，实现了同比正增长。由于新冠疫情影响，消费者偏好人员聚集度更低、物理距离更近的线下零售场所和社区团购、即时零售等新模式，便利店行业及时适应消费者需求，销售状况相对较好。

六、我国零售市场规模大、潜力足、韧性强，长期平稳向好趋势未变

自新冠疫情暴发以来，中国消费市场面临经济环境和新冠疫情的双重挑战，居民收入增长放缓，消费意愿减弱，消费品和零售市场的需求动能受到影响。但是从趋势上看，我国零售市场规模大、潜力足、韧性强，长期平稳向好趋势未变。

从市场规模看，我国消费市场规模巨大，抗冲击和抗风险能力较强。我国有 14 亿多人口，人均国内生产总值已经突破 1.2 万美元，是全球最有潜力的消费市场。多年来国内市场规模稳步提升，2022 年零售市场规模接近 44 万亿元，我国仍然是全球第二大消费市场和第一大网络零售市场，超大规模市场优势依然明显。

从市场潜力看，我国人口基数庞大，中等收入群体持续扩大，乡村市场蕴藏较大潜力，是我国消费市场稳定发展的有力支撑。从中长期发展趋势看，我国居民消费增长潜力和优化空间巨大。

从供给方式看，我国经济由高速增长阶段转向高质量发展阶段，发展要求和发展条件都呈现新特征，特别是人民对美好生活的向往总体上已经从"有没有"转向"好不好"，居民消费呈现多样化、多层次、多方面的特点。必须通过增加高质量产

品和服务供给，不断提升国内供给质量水平，推动供需在更高水平上实现良性循环，使消费潜力充分释放出来。

从总体来看，我国零售市场规模大、潜力足、韧性强，2022年居民消费需求只是暂时被抑制，居民消费意愿和能力并未消失，长期平稳向好趋势并未改变。

备注：

1. 零售百强企业数据来源于中华全国商业信息中心统计数据、企业财报及其他公开可获取信息。

2. 网络平台企业销售规模统计口径相比上年有所调整。

第四部分　零售业区域发展环境

　　促进区域协调发展是解决发展不平衡不充分问题、着力推动高质量发展的重要支撑，是实现居民共同富裕的内在要求，是推进中国式现代化的重要内容。党的十八大以来，以习近平同志为核心的党中央高度重视区域协调发展工作，不断丰富完善区域协调发展的理念、战略和政策体系，各地区、各部门不断创新促进区域协调发展体制机制，推动形成优势互补、高质量发展的区域经济布局，区域协调发展取得了显著成就。

一、城乡协调发展全面推进

　　人口城镇化率持续提升。2022 年，我国新型城镇化和城乡融合发展取得新成效。2022 年年末，我国城镇常住人口达到 92071 万人，比 2021 年增加 646 万人，比 2012 年增加 19896 万人；乡村常住人口 49104 万人，比 2021 年减少 731 万人，比 2012 年减少 14643 万人。中国常住人口城镇化率达 65.22%，比上年年末提高 0.50 个百分点，比 2012 年年末提高 12.12 个百分点，年均提高 1.15 个百分点。

　　新型城镇化高质量发展，坚持推进农业转移人口市民化质量显著提升，户籍人口城镇化率与常住人口城镇化率差距明显缩小。2021 年年底，户籍人口城镇化率提高到 46.7%，比上一年提高了 1.3 个百分点，高于常住人口城镇化率 0.83 个百分点的提高幅度，这是"十三五"以来两个城镇化率首次缩小差距。

　　城乡发展差距进一步缩小。2022 年，全国居民人均可支配收入 36883 元，比上年名义增长 5.0%，扣除价格因素，实际增长 2.9%。分城乡看，城镇居民人均可支配收入 49283 元，名义增长 3.9%，扣除价格因素，实际增长 1.9%；农村居民人均可支配收入 20133 元，名义增长 6.3%，扣除价格因素，实际增长 4.2%。农村居民人均可支配收入名义增速、实际增速分别高于城镇相应增速 2.4 和 2.3 个百分点。党的十八大以来，城乡居民人均可支配收入比由 2012 年的 2.88 缩小至 2022 年的 2.45。

2022 年，全国居民人均消费支出 24538 元，比上年名义增长 1.8%，扣除价格因素影响，实际下降 0.2%。分城乡看，城镇居民人均消费支出 30391 元，名义增长 0.3%，扣除价格因素，实际下降 1.7%；农村居民人均消费支出 16632 元，名义增长 4.5%，扣除价格因素，实际增长 2.5%。农村居民人均消费支出名义增速、实际增速也均显著领先于城镇居民，且十八大以来，城乡居民人均消费支出比由 2012 年的 2.57 缩小至 2022 年的 1.83。

乡村建设加快发展。根据《中国数字乡村发展报告（2022 年）》，截至 2022 年年底，5G 网络覆盖所有县城城区，实现"村村通宽带""县县通 5G"。乡村零售新业态、新模式不断涌现，农村电商继续保持乡村数字经济"领头羊"地位，2022 年全国农村网络零售额达 2.17 万亿元。

2022 年，在百年变局和新冠疫情叠加的复杂局面下，面对新冠疫情散发多发、极端高温天气等诸多超预期因素影响，我国消费市场受到的冲击比较大，在这种环境下，乡村实现消费品零售额 59285 亿元，与上年持平，增速快于城镇消费品零售额增速 0.3 个百分点。

二、板块发展平衡性增强

中西部地区经济增速连续高于东部地区，东西发展差距缩小。2022 年，中部和西部地区生产总值分别达到 26.7 万亿元、25.7 万亿元，占全国的比重由 2012 年的 21.3%、19.6%提高到 2022 年的 22.1%、21.4%，比重合计提升了 2.6 个百分点。中西部地区经济增速连续多年高于东部地区，近十年年均增速高于全国整体。东部与中部、西部地区人均地区生产总值之比分别从 2012 年的 1.69、1.87 缩小至 2022 年的 1.50、1.64。

人民生活水平显著提高，中西部地区人均收入近十年翻番。2022 年，东部、中部、西部和东北地区城镇居民人均可支配收入分别为 58459.9、42733.4、42173.3 和 39098 元，分别是 2012 年的 1.97、20.6、2.05 和 1.88 倍；东部、中部、西部和东北地区农村居民人均收入分别是 2012 年的 2.31、2.57、2.76 和 2.14 倍。

中部、西部地区社会消费品零售总额占全国比重显著提升。2022 年，中部、西部地区分别实现社会消费品零售总额 107557.5、91358.6 亿元，占全国的比重分别达到 24.5%和 20.8%，相比 2012 年分别提升了 4.2 和 3.0 个百分点。其中，中部地区新零售、新业态实现快速增长。2022 年，中部 6 省山西、安徽、江西、河南、湖北、湖南网上零售额分别同比增长 15.2%、9.5%、18.1%、13.1%、7.2%和 11.3%，均显著高于全国 4.0%的增长水平；实物商品网上零售额分别同比增长 21.1%、11.4%、17.5%、16.7%、6.7%和 14.5%，也均显著高于全国 6.2%的增长水平。

三、重要经济带发挥增长引擎作用

我国几大经济带汇聚了众多人口规模和经济总量，经济带发挥增长引擎作用，对于有效扩大内需、稳定经济增长、推动经济转型升级具有关键作用。2022 年，京津冀进一步融合，长江经济带生态优先、绿色发展，重要功能区关键作用更加明显，长江三角洲、京津冀区域发展指数持续提升。根据京津冀协同发展统计监测协调领导小组 2022 年年底发布的测算结果，2021 年京津冀区域发展指数为 138.9，较上年提升 7.7。国家统计局数据显示，2022 年，京津冀三地经济总量突破 10 万亿元，按现价计算，是 2012 年的 2 倍左右。在疏解北京非首都功能的基础上，三地依托便利的交通优势，产业链深度融合互补，同时北京城市副中心和雄安新区两翼加快发展。

长江经济带发展优势明显。长江经济带覆盖我国 11 个省市，横跨东、中、西三大板块，占据了全国近一半的人口、GDP，是我国重要的经济中心，在我国经济高质量发展中具有重要的引擎作用。2022 年，长江经济带实现地区生产总值 559766.4 亿元，占全国经济的比重为 46.5%，相比 2014 年提升了 4.9 个百分点。人均地区生产总值为 92058 元①，领先全国水平 6360 元；2022 年实现社会消费品零售总额 222652.5 亿元，占全国比重达 50.6%，超过全国一半规模总量，相比 2014 年提升 9.2 个百分点。

长江三角洲发挥经济压舱石作用。自长三角一体化发展上升为国家战略 5 年以来，三省一市紧扣"一体化"和"高质量"要求，加快打造改革开放新高地，勇当高效发展排头兵，在多领域不断取得实效。2022 年，长江三角洲三省一市地区生产总值为 290288.8 亿元，占全国经济总量的 24.1%。其中，上海在新冠疫情冲击下以 44652.8 亿元的地区生产总值仍保持在全国经济中心城市首位，2022 年人均地区生产总值为 179907 元，在全国 31 个省市（自治区）中仅低于北京；江苏省迈上 12 万亿新台阶；浙江省经济总量仍排在全国第四，地区生产总值增速（3.1%）略高于全国水平；安徽省经济总量首次超过上海，3.5%的地区生产总值增速高出全国水平 0.5 个百分点。从城市群看，"万亿俱乐部"城市增至 8 个，占全国数量的 1/3。2022 年进出口总额 150724.8 亿元，占全国的比重为 35.8%，社会消费品零售总额 111179.9 亿元，占全国的比重为 25.3%。

持续推进区域协调发展也面临着一些挑战。目前我国东西部地区发展绝对差距仍然较大，北方部分地区经济发展活力不足，东北地区多年来人口净流出和经济增速低于全国，西北地区经济转型速度仍然较慢，再加上我国幅员辽阔、人口众多，各地区基础条件差别巨大，增大了统筹区域协调发展任务的艰巨性。这就决定了我国实现区域协调、平衡发展必然是一个长期的过程，需要我们在以习近平同志为核心的党中央的领导下，不断开启新时代我国区域协调发展的新实践、新探索，持续努力，久久为功。

---

① 按照年末常住人口计算。

第五部分 未来零售业发展趋势

一、消费品市场运行环境和发展趋势

（一）扩大内需战略实施将有力提振市场发展信心

习近平总书记在《当前经济工作的几个重大问题》中指出，总需求不足是当前经济运行面临的突出矛盾。必须大力实施扩大内需战略，采取更加有力的措施，使社会再生产实现良性循环。要优化政策举措，充分发挥消费的基础作用和投资的关键作用。把恢复和扩大消费摆在优先位置，要增强消费能力，改善消费条件，创新消费场景，使消费潜力充分释放出来。《扩大内需战略规划纲要（2022—2035年）》指出，要全面促进消费，加快消费提质升级。顺应消费升级趋势，提升传统消费，培育新型消费，扩大服务消费，适当增加公共消费，着力满足个性化、多样化、高品质消费需求。《2023年政府工作报告》中指出，着力扩大国内需求。把恢复和扩大消费摆在优先位置。多渠道增加城乡居民收入。稳定大宗消费，推动生活服务消费恢复。由此可见，大力实施扩大内需战略，着重恢复和扩大消费将是2023年的经济工作重点，这将极大地鼓舞消费品市场加快恢复增长、实现高质量发展的信心。

（二）经济预期改善将有利于居民消费水平进一步提升

《2023年政府工作报告》中指出，今年发展主要预期目标包括：国内生产总值增长5%左右、城镇新增就业1200万人左右、居民消费价格涨幅3%左右、居民收入增长与经济增长基本同步。为实现上述目标，政府工作报告指出：积极的财政政策要加力提效，对现行减税降费、退税缓税等措施，该延续的延续，该优化的优化，做好基层"三保"工作。稳健的货币政策要精准有力，保持广义货币供应量和社会融资规模增速同名义经济增速基本匹配，支持实体经济发展。社会政策要兜牢民生底线，落实落细就业优先政策，把促进青年特别是高校毕业生就业工作摆在更加突出的位置，切实保障好基本民生。此外，各省（直辖市）制定的 2023 年 GDP 增长目标大多在 6% 左右，均体现出稳字当头、稳中求进的经济发展要求。由此可见，在经济增长、居民收入、就业民生均得到有力保障的基础上，居民消费能力将持续增强，居民消费水平将进一步提升。

（三）防疫措施持续优化将促使消费市场加快恢复

自 2022 年 11 月以来，我国围绕"保健康、防重症"，不断优化调整防控措施，相继出台二十条优化防疫措施、新十条防疫措施，高效统筹新冠疫情防控和经济社会发展，较短时间实现了新冠疫情防控平稳转段，取得新冠疫情防控重大决定性胜利。《2023 年政府工作报告》中指出，当前我国新冠疫情防控已进入"乙类乙管"常态化防控阶段，要更加科学、精准、高效做好防控工作，守护好人民生命安全和身体健康。由此可见，随着科学防疫措施的不断优化和深入落实，新冠疫情对人们生活空间的限制将会大幅减弱，对消费场景的损害将得到快速修复，居民对新冠疫情的恐惧心理将逐渐消失，居民长期抑制的以餐饮、旅游、娱乐为主的服务消费需求将会迅速释放，与此同时，随着线下活动的增多，实体消费场所的客流量持续增多，将有利于线下商品零售实现逐步恢复。

（四）物价温和上涨将为消费稳定增长创造良好环境

《2023 年政府工作报告》将 CPI 涨幅定在 3% 左右，这一预期目标与前两年保持一致。在输入性通胀压力尚未明显减弱，国内需求恢复将在一定程度上推高国内物价的环境下，要实现物价温和上涨目标意味着政府将加大力度确保粮食、能源等大宗商品的生产安全、储备安全、供给安全，将进一步强化重要民生商品的保供稳价。习近平总书记强调，要严守耕地红线，稳定粮食播种面积，加强高标准农田建设，切实保障粮食和重要农产品稳定安全供给。2023 年政府工作报告也再次将"粮食产量保持在 1.3 万亿斤以上"列入了年度发展预期目标，并启动实施新一轮千亿斤粮食产能提升行动，加强粮食仓储物流设施建设，全方位夯实粮食安全根基。进一步强化能源等大宗商品的保供稳价也是稳物价工作的重点，政府工作报告指出：要加强重要能源、矿产资源国内勘探开发和增储上产。由此可见，在各项保供稳价政策举措接续发力之下，我国物价涨幅将实现总体可控，这将为我国消费持续恢复增长创造良好、稳定的物价环境。

（五）社会消费品零售总额预计增长 6% 左右

2023 年，我国消费品市场上的不确定性客观因素依然存在，但推动市场高质量发展的有利因素不断积累。一是我国消费发展长期向好的基本面没有改变，庞大的人口基数、稳步提升的城镇化水平，以及乡村市场较大的消费潜力将有力支撑我国消费市场的稳定恢复。二是我国将出台更加有利于稳就业、稳收入、稳市场主体的财政政策和货币政策，努力提升消费倾向高但受新冠疫情影响较大的中低收入居民消费能力，有利于大力提振消费信心，释放消费潜力。三是国家将加大社会保障、转移支付等调节力度，并进一步提升社会保障水平，完善生育支持措施和应对人口老龄化政策举措，让更多人能消费、敢消费、愿消费。四是政府工作报告指出：加强住房保障体系建设，支持刚性和改善性住房需求，解决好新市民、青年人等住房问题。这将有利于我国房地产市场平稳发展以及居住类相关商品消费的稳定增长。由此可见，在国家扩大内需，恢复和加快消费的一揽子政策推动下，在居民收入稳定增长、营商环境持续改善、住房需求有效满足、大宗消费保持增长、新型消费快速壮大、消费价格稳定可控等有利条件的促进下，我国消费品市场有望加快恢复速度，社会消费品零售总额将实现 6% 左右的增长。

二、零售业发展趋势

（一）零售业将以高质量发展为首要任务

由高速增长阶段转向高质量发展阶段是新时代我国经济发展的基本特征，这意味着零售业将以高质量发展为首要任务，在促进消费规模合理增长的情况下，实现消费品质再提升、消费内涵更丰富、消费增长可持续。零售业高质量发展主要体现在三个方面：一是加快商品质量提档升级、促进生活服务品质升级、助力国产优质品牌影响力升级；二是统筹扩大内需和深化供给侧结构性改革，由零售业引导、释放的消费需求必须是有效需求，是与创新、协调、绿色、开放、共享的新发展理念相一致的需求，是可以促进新产业、新技术、新产品、新业态健康发展的需求；三是加强产供储销体系建设，强化市场监管，持续抓好大宗商品、原材料保供稳价，营造良好稳定的市场价格环境，推动全社会消费总量的稳定扩大和消费品质的持续升级。

（二）零售业将着重满足大众美好生活需求

中国式现代化是人口规模巨大的现代化，是全体人民共同富裕的现代化，对零售企业来说，这意味着巨大的发展机会：一是中等收入群体将进一步扩大，较高的边际消费倾向，将使得中等收入群体的消费升级市场快速壮大，零售业将着重为这部分消费者提供性价比高、种类丰富、购买便利、体验感强的商品和服务；二是农业农村优先发展，有利于农村流通体系高质量发展，有利于农村居民消费持续较快增长，零售业将加快完善以县城为中心的农村商业体系建设，通过县乡流通渠道数字化转型，以及充分利用促消费政策推动新产品在县乡市场普及，不断满足县乡居民个性化、多元化、品质化的消费需求；三是我国60岁以上人口为2.8亿人，占全国总人口比例已达到19.8%，是大众消费市场的重要组成部分，且重要性将逐年提升。党和国家高度重视养老事业和养老产业，为老年人提高消费活力、释放消费潜力创造了良好的社会环境。零售业将围绕新时代老年人的品质生活需求，提供更加贴心的商品和服务，积极培育消费市场新动能。

（三）零售业将深入推进物质需求与精神文明融合发展

中国式现代化是物质文明和精神文明相协调的现代化。这意味着，物质需求与精神需求同等重要，人民群众对美好生活的追求将呈现全方位、多层次的发展特征。零售业供给在实现数量更充足、品质更优秀、价格更实惠的基础上，将更加注重物质与精神的融合，以精神文明强化物质需求，从而带动商品市场的持续扩大，具体分为两步：一是建立零售品牌思想，可以根据马斯洛需求中的安全需求、爱和归属感（情感需求）、尊重需求，建立以安全、情感、尊严为主题的品牌思想，也可以借助近年来大众健康意识普遍提升的环境，建立以健康为主题的品牌思想。此外，党的二十大报告指出：加快实现高水平科技自立自强，加快建设科技强国，强化企

94

业科技创新主体地位。因此科技也是重要的商业品牌思想之一。二是在商业品牌思想的基础上,通过与思想高度匹配的商业环境、商业品质、商业知识、商业文化以及营销策略,在消费者内心引发思想的共鸣,把商业思想力有效地转化为商品消费力。

(四)零售业将积极转型升级助力实现双碳目标

中国式现代化是人与自然和谐共生的现代化。这意味着,绿色、环保、低碳消费将成为居民消费的主流形态,并成为消费品市场高质量发展的重要评判标准之一。我国零售业将加大转型升级力度,积极倡导绿色消费,推动形成绿色低碳的生产方式和生活方式,一方面零售业将践行习近平生态文明思想,探索流通领域"碳达峰、碳中和"的技术路径,加强流通企业在环境、社会和公司治理等方面的能力建设,继续推动全国绿色商场创建;另一方面,零售业将充分借鉴绿色家电、新能源汽车等科技型、低碳型商品的成功市场经验,在食品、服装、家居、日化等商品品类中,挖掘出一批技术有突破、减排有成效、设计有亮点、市场有潜力的绿色低碳新产品,通过培育、宣传与推广,逐步打造出一批绿色低碳的新热点商品,以此带动整个消费品市场的活跃度,使得零售业在践行绿色低碳理念的同时,实现扩大内需、促进消费。

(五)零售业将加快数字化、智能化发展进程

党的二十大高度重视信息化、数字化发展,就加快建设网络强国、数字中国提出一系列新要求,作出一系列新部署。《数字中国建设整体布局规划》进一步指出:建设数字中国是数字时代推进中国式现代化的重要引擎,是构筑国家竞争新优势的有力支撑。零售业将加快数字化、智能化发展进程,一方面持续推动全渠道经营,利用线上线下渠道优势互补,为消费者提供更加丰富的商品供给和更加便利的购物体验。另一方面充分利用大数据、人工智能、区块链等新一代数字技术,全面把握消费行为,深度挖掘消费潜力,优化供需匹配,扩大服务供给,为用户提供更加个性化的消费体验,充分激发市场活力。

第六部分　相关政策法规

中共中央　国务院印发
《扩大内需战略规划纲要（2022—2035 年）》

近日，中共中央、国务院印发了《扩大内需战略规划纲要（2022—2035年）》，并发出通知，要求各地区、各部门结合实际认真贯彻落实。《扩大内需战略规划纲要（2022—2035 年）》主要内容如下。

坚定实施扩大内需战略、培育完整内需体系，是加快构建以国内大循环为主体、国内国际双循环相互促进的新发展格局的必然选择，是促进我国长远发展和长治久安的战略决策。为推动实施扩大内需战略，根据《中华人民共和国国民经济和社会发展第十四个五年规划和 2035 年远景目标纲要》，制定本规划纲要。

一、规划背景

（一）我国扩大内需已取得显著成效

改革开放以来特别是党的十八大以来，我国在深度参与国际产业分工的同时，不断提升国内供给质量水平，着力释放国内市场需求，促进形成强大的国内市场，内需对经济发展的支撑作用明显增强。

消费基础性作用持续强化。最终消费支出占国内生产总值的比重连续 11 年保持在 50% 以上。住行消费等传统消费显著增长，城镇居民人均住房建筑面积稳步提高，汽车新车销量连续 13 年位居全球第一。消费新业态、新模式快速发展，2021

年实物商品网上零售额占社会消费品零售总额比重为 24.5%，人均服务性消费支出占人均消费支出比重为 44.2%。

投资关键作用更好发挥。我国资本形成总额占国内生产总值的比重保持在合理水平，为优化供给结构、推动经济平稳发展提供了有力支撑。基础设施建设水平全面提升，全国综合运输大通道加快贯通，一批重大水利设施建成使用。5G 等新型基础设施建设加快推进，重大科技项目建设取得显著成就，高技术产业投资持续较快增长。医疗卫生、生态环保、农业农村、教育等领域短板加快补齐。

国内市场运行机制不断健全。高标准市场体系加快建设，"放管服"改革持续深化，营商环境不断优化，要素市场化配置、产权制度等重点改革稳步推进，流通体系加快健全，社会保障制度逐步完善，统筹城乡的基本公共服务体系加快形成，市场活力得到有效激发。

国际国内市场联系更加紧密。我国国内生产总值超过 110 万亿元，已成为全球第二大商品消费市场，带动进口规模持续扩大、结构不断优化。国际经贸合作扎实推进，对外开放高地建设进展显著，我国成为最具吸引力的外资流入国之一，利用外资质量不断提高，我国市场与全球市场进一步协调发展、互惠互利。

（二）重大意义

实施扩大内需战略是满足人民对美好生活向往的现实需要。我国经济由高速增长阶段转向高质量发展阶段，发展要求和发展条件都呈现新特征，特别是人民对美好生活的向往总体上已经从"有没有"转向"好不好"，呈现多样化、多层次、多方面的特点。解决人民日益增长的美好生活需要和不平衡、不充分的发展之间的矛盾，必须坚定实施扩大内需战略，固根基、扬优势、补短板、强弱项，通过增加高质量产品和服务供给，满足人民群众需要，促进人的全面发展和社会全面进步，推动供需在更高水平上实现良性循环。

实施扩大内需战略是充分发挥超大规模市场优势的主动选择。大国经济具有以内需为主导的显著特征。内需市场一头连着经济发展，一头连着社会民生，是经济发展的主要依托。我国经济经过改革开放 40 多年持续快速发展，逐步在市场需求、产业体系、人力资源、软硬基础设施等方面形成了超大规模市场优势，为培育完整内需体系奠定了基础。进一步发挥超大规模市场优势，必须坚定实施扩大内需战略，扩大居民消费和有效投资，增强经济发展韧性，促进经济持续健康发展。

实施扩大内需战略是应对国际环境深刻变化的必然要求。世界百年未有之大变局加速演进，国际力量对比深刻调整，新冠疫情影响广泛深远，世界经济增长不平衡、不确定性增大，单边主义、保护主义、霸权主义对世界和平与发展构成威胁。面对复杂严峻的外部环境，必须坚定实施扩大内需战略，以自身的稳定发展有效应对外部风险挑战。

实施扩大内需战略是更高效率促进经济循环的关键支撑。构建新发展格局关键在于经济循环的畅通无阻。促进国内大循环更为顺畅，必须坚定实施扩大内需战略，打通经济循环堵点，夯实国内基本盘；实现国内国际双循环相互促进，也必须坚定实施扩大内需战略，更好依托国内大市场，有效利用全球要素和市场资源，更高效率实现内外市场联通，促进发展更高水平的国内大循环。

（三）机遇和挑战

进入新发展阶段，我国国内市场基础更加扎实，实施扩大内需战略的环境条件深刻变化。展望未来一段时期，国内市场主导国民经济循环特征会更加明显，消费已成为我国经济增长的主拉动力，居民消费优化升级同现代科技和生产方式相结合，我国这一全球最有潜力的消费市场还将不断成长壮大。我国正处于新型工业化、信息化、城镇化、农业现代化快速发展阶段，与发达国家相比，在很多方面还有较大投资空间，投资需求潜力巨大。同时，中国特色社会主义制度优势显著，宏观经济治理能力持续提升，改革创新不断孕育新的发展动力，全国统一大市场加快建设，商品和要素流通制度环境持续改善，我国生产要素质量和配置水平显著提升，国内市场空间更趋广阔。

同时要看到，我国扩大内需仍面临不少制约。劳动力、土地、环境等要素趋紧制约投资增长，创新能力不能完全适应高质量发展要求，群众个性化、多样化消费需求难以得到有效满足；城乡区域发展和收入分配差距较大，民生保障存在短板，财政金融等领域风险隐患不容忽视，制约内需潜力释放的体制机制堵点仍然较多；国际竞争日趋激烈，把我国打造成国际高端要素资源的"引力场"任重道远。

综合来看，我国扩大内需机遇和挑战都有新的发展变化，总体上机遇大于挑战。必须坚定实施扩大内需战略，准确把握国内市场发展规律，未雨绸缪、趋利避害，在危机中育先机、于变局中开新局，不断释放内需潜力，充分发挥内需拉动作用，建设更加强大的国内市场，推动我国经济平稳、健康、可持续发展。

二、总体要求

（四）指导思想

以习近平新时代中国特色社会主义思想为指导，坚持稳中求进工作总基调，立足新发展阶段，完整、准确、全面贯彻新发展理念，构建新发展格局，以推动高质量发展为主题，以深化供给侧结构性改革为主线，以改革创新为根本动力，以满足人民日益增长的美好生活需要为根本目的，坚持系统观念，更好统筹发展和安全，牢牢把握扩大内需这个战略基点，加快培育完整内需体系，加强需求侧管理，促进形成强大国内市场，着力畅通国内经济大循环，促进国内国际双循环良性互动，推动我国经济行稳致远、社会安定和谐，为全面建设社会主义现代化国家奠定坚实基础。

（五）工作原则

——坚持党的领导，发挥制度优势。充分发挥党总揽全局、协调各方的领导核心作用，贯彻党把方向、谋大局、定政策、促改革的要求，把党的领导贯彻到扩大内需战略实施全过程，发挥我国国家制度和国家治理体系多方面显著优势，为扩大内需战略实施提供根本保证。

——坚持人民立场，增进民生福祉。坚持以人民为中心，把满足人民日益增长的美好生活需要作为扩大内需的出发点和落脚点，始终做到发展为了人民、发展依靠人民、发展成果由人民共享，扎实推动共同富裕，不断增强人民群众的获得感、幸福感、安全感。

——坚持顶层设计，服务全局战略。坚持扩大内需这个战略基点，以创新驱动、高质量供给引领和创造新需求，使扩大内需成为构建新发展格局的重要支撑，推动质量变革、效率变革、动力变革，促进供需在更高水平上实现动态平衡。

——坚持改革开放，增强内生动力。坚定不移用改革的办法释放和激发市场潜力，把有效市场和有为政府结合起来，充分发挥市场在资源配置中的决定性作用，更好地发挥政府作用，破除制约内需增长的体制机制障碍，不断提高要素配置和产品流通效率，同时实施更高水平对外开放，充分利用国际高端要素资源，持续增强国内市场活力。

——坚持系统观念，强化协同高效。加强前瞻性思考、全局性谋划、战略性布局、整体性推进，加快培育完整内需体系，统筹好供给和需求、消费和投资、内需和外需、数量和质量、国内和国际、速度和效益、效率和公平、发展和安全等重大关系，尽力而为、量力而行，实现发展质量、结构、规模、速度、效益、安全相统一，使扩大内需成为一个可持续的历史过程。

（六）发展目标

按照全面建设社会主义现代化国家的战略安排，展望2035年，实施扩大内需战略的远景目标是：消费和投资规模再上新台阶，完整内需体系全面建立；新型工业化、信息化、城镇化、农业现代化基本实现，强大国内市场建设取得更大成就，关键核心技术实现重大突破，以创新驱动、内需拉动的国内大循环更加高效畅通；人民生活更加美好，城乡居民人均收入再迈上新的大台阶，中等收入群体显著扩大，基本公共服务实现均等化，城乡区域发展差距和居民生活水平差距显著缩小，全体人民共同富裕取得更为明显的实质性进展；改革对内需发展的支撑作用大幅提升，高标准市场体系更加健全，现代流通体系全面建成；我国参与全球经济合作和竞争新优势持续增强，国内市场的国际影响力大幅提升。

锚定2035年远景目标，综合考虑发展环境和发展条件，"十四五"时期实施扩大内需战略的主要目标是：

——促进消费投资，内需规模实现新突破。消费的基础性作用和投资的关键作用进一步增强。内需持续健康发展，质量效益明显提升，超大规模市场优势得到充分发挥，国内市场更加强大，培育完整内需体系取得明显进展。

——完善分配格局，内需潜能不断释放。分配结构明显改善，城乡区域发展差距和居民生活水平差距逐步缩小，居民人均可支配收入实际增长和经济增长基本同步。基本公共服务均等化水平持续提升，多层次社会保障体系更加健全，社会事业加快发展。

——提升供给质量，国内需求得到更好满足。供给侧结构性改革取得重大进展，农业基础更加稳固，制造业比重基本稳定，现代服务业加快建设，实体经济发展根基进一步夯实，传统产业改造提升加速推进，新产业、新业态加快发展，创新能力显著提升，产业基础高级化、产业链现代化水平明显提高，供给体系对国内需求的适配性不断增强。

——完善市场体系，激发内需取得明显成效。统一开放、竞争有序、制度完备、治理完善的高标准市场体系基本建成，商品和要素在城乡区域间流动更加顺畅，产权制度改革和要素市场化配置改革取得重大进展，营商环境持续优化，公平竞争制度更加完善，现代流通体系建立健全。

——畅通经济循环，内需发展效率持续提升。更高水平开放型经济新体制基本形成，我国与周边区域经济合作程度进一步加深，对周边和全球经济发展的带动作用不断增强。

（七）重点任务

坚持问题导向，围绕推动高质量发展，针对我国中长期扩大内需面临的主要问题，特别是有效供给能力不足、分配差距较大、流通体系现代化程度不高、消费体制机制不健全、投资结构仍需优化等堵点、难点，部署实施扩大内需战略的重点任务。

加快培育完整内需体系。把实施扩大内需战略同深化供给侧结构性改革有机结合起来，按照生产、分配、流通、消费和投资再生产的全链条拓展内需体系，培育由提高供给质量、优化分配格局、健全流通体系、全面促进消费、拓展投资空间等共同组成的完整内需体系。

促进形成强大国内市场。着力挖掘内需潜力，特别是推进新型城镇化和城乡区域协调发展释放内需潜能，进一步扩大国内市场规模。通过优化市场结构、健全市场机制、激发市场活力、提升市场韧性，进一步做强国内市场，促进国内市场平稳发展和国际影响力持续提升。

支撑畅通国内经济循环。进一步推进各种要素组合有机衔接和循环流转，形成产品服务增加、社会财富积聚、人民福祉增进、国家实力增强的良性国内经济循环。以强大的国内经济循环为支撑，着力推进高水平对外开放，打造国际高端要素资源"引力场"，使国内和国际市场更好联通，以国际循环提升国内大循环效率和水平，实现国内国际双循环互促共进。

三、全面促进消费，加快消费提质升级

最终消费是经济增长的持久动力。顺应消费升级趋势，提升传统消费，培育新型消费，扩大服务消费，适当增加公共消费，着力满足个性化、多样化、高品质消费需求。

（八）持续提升传统消费

提高吃穿等基本消费品质。加强引导、强化监督、支持创新，推动增加高品质基本消费品供给，推进内外销产品同线、同标、同质。倡导健康饮食结构，增加健康、营养农产品和食品供给，促进餐饮业健康发展。坚持不懈制止餐饮浪费。

释放出行消费潜力。优化城市交通网络布局，大力发展智慧交通。推动汽车消费由购买管理向使用管理转变。推进汽车电动化、网联化、智能化，加强停车场、充电桩、换电站、加氢站等配套设施建设。便利二手车交易。

促进居住消费健康发展。坚持"房子是用来住的，不是用来炒的"定位，加强房地产市场预期引导，探索新的发展模式，加快建立多主体供给、多渠道保障、租购并举的住房制度，稳妥实施房地产市场平稳健康发展长效机制，支持居民合理自住需求，遏制投资、投机性需求，稳地价、稳房价、稳预期。完善住房保障基础性制度和支持政策，以人口净流入的大城市为重点，扩大保障性租赁住房供给。因地制宜发展共有产权住房。完善长租房政策，逐步使租购住房在享受公共服务上具有同等权利。健全住房公积金制度。推进无障碍设施建设，促进家庭装修消费，增加智能家电消费，推动数字家庭发展。

更好满足中高端消费品消费需求。促进免税业健康有序发展。促进民族品牌加强同国际标准接轨，充分衔接国内消费需求，增加中高端消费品国内供应。培育建

设国际消费中心城市，打造一批区域消费中心。深入推进海南国际旅游消费中心建设。

(九) 积极发展服务消费

扩大文化和旅游消费。完善现代文化产业体系和文化市场体系，推进优质文化资源开发，推动中华优秀传统文化创造性转化、创新性发展。鼓励文化文物单位依托馆藏文化资源，开发各类文化创意产品，扩大优质文化产品和服务供给。大力发展度假休闲旅游。拓展多样化、个性化、定制化旅游产品和服务。加快培育海岛、邮轮、低空、沙漠等旅游业态。释放通用航空消费潜力。

增加养老育幼服务消费。适应人口老龄化进程，推动养老事业和养老产业协同发展，加快健全居家社区机构相协调、医养康养相结合的养老服务体系。发展银发经济，推动公共设施适老化改造，开发适老化技术和产品。推动生育政策与经济社会政策配套衔接，减轻家庭生育、养育、教育负担，改善优生优育全程服务，释放生育政策潜力。增加普惠托育供给，发展集中管理运营的社区托育服务。

提供多层次医疗健康服务。全面推进健康中国建设，深化医药卫生体制改革，完善公共卫生体系，促进公立医院高质量发展。支持社会力量提供多层次、多样化医疗服务，鼓励发展全科医疗服务，增加专科医疗等细分服务领域有效供给。积极发展中医药事业，着力增加高质量的中医医疗、养生保健、康复、健康旅游等服务。积极发展个性化就医服务。加强职业健康保护。完善常态化新冠疫情防控举措。适时优化国家免疫规划疫苗种类，逐步将安全、有效、财政可负担的疫苗纳入国家免疫规划。

提升教育服务质量。健全国民教育体系，促进教育公平。完善普惠性学前教育和特殊教育、专门教育保障机制。推动义务教育优质均衡发展和城乡一体化。巩固提升高中阶段教育普及水平。着眼建设世界一流大学和一流科研院所，加强科教基础设施和产教融合平台建设。完善职业技术教育和培训体系，增强职业技术教育适应性。鼓励社会力量提供多样化教育服务，支持和规范民办教育发展，全面规范校外教育培训行为，稳步推进民办教育分类管理改革，开展高水平中外合作办学。

促进群众体育消费。深入实施全民健身战略，建设国家步道体系，推动体育公园建设。以足球、篮球等职业体育为抓手，提升体育赛事活动质量和消费者观感、体验度，促进竞赛表演产业扩容升级。发展在线健身、线上赛事等新业态。推进冰雪运动"南展西扩东进"，带动群众"喜冰乐雪"。

推动家政服务提质扩容。促进家政服务专业化、规模化、网络化、规范化发展，完善家政服务标准体系，发展员工制家政企业。深化家政服务业提质扩容"领跑者"行动。提升家政服务和培训质量，推动社会化职业技能等级认定，加强家政从业人员职业风险保障。推进家政进社区，构建24小时全生活链服务体系。鼓励发展家庭管家等高端家政服务。

提高社区公共服务水平。构建公共服务、便民利民服务、志愿互助服务相结合的社区服务体系，增强社区服务功能，引导社会力量参与社区服务供给，持续提升社区服务质量，提高社区服务智能化水平。支持家政、养老、托幼、物业等业态融合创新。提升社区新冠疫情防控能力和水平。

（十）加快培育新型消费

支持线上线下商品消费融合发展。加快传统线下业态数字化改造和转型升级。丰富5G网络和千兆光网应用场景。加快研发智能化产品，支持自动驾驶、无人配送等技术应用。发展智慧超市、智慧商店、智慧餐厅等新零售业态。健全新型消费领域技术和服务标准体系，依法规范平台经济发展，提升新业态监管能力。

培育"互联网+社会服务"新模式。做强做优线上学习服务，推动各类数字教育资源共建共享。积极发展"互联网+医疗健康"服务，健全互联网诊疗收费政策，将符合条件的互联网医疗服务项目按程序纳入医保支付范围。深入发展在线文娱，鼓励传统线下文化娱乐业态线上化，支持打造数字精品内容和新兴数字资源传播平台。鼓励发展智慧旅游、智慧广电、智能体育。支持便捷化线上办公、无接触交易服务等发展。

促进共享经济等消费新业态发展。拓展共享生活新空间，鼓励共享出行、共享住宿、共享旅游等领域产品智能化升级和商业模式创新，完善具有公共服务属性的共享产品相关标准。打造共享生产新动力，鼓励企业开放平台资源，充分挖掘闲置存量资源应用潜力。鼓励制造业企业探索共享制造的商业模式和适用场景。顺应网络、信息等技术进步趋势，支持和引导新的生活和消费方式健康发展。

发展新个体经济。支持社交电商、网络直播等多样化经营模式，鼓励发展基于知识传播、经验分享的创新平台。支持线上多样化社交、短视频平台规范有序发展，鼓励微应用、微产品、微电影等创新。

（十一）大力倡导绿色低碳消费

积极发展绿色低碳消费市场。健全绿色低碳产品生产和推广机制。促进居民耐用消费品绿色更新和品质升级。大力发展节能低碳建筑。完善绿色采购制度，加大政府对低碳产品采购力度。建立健全绿色产品标准、标识、认证体系和生态产品价值实现机制。加快构建废旧物资循环利用体系，规范发展汽车、动力电池、家电、电子产品回收利用行业。

倡导节约、集约的绿色生活方式。深入开展绿色生活创建。推进绿色社区建设。按照绿色低碳循环理念规划建设城乡基础设施。倡导绿色低碳出行，发展城市公共交通，完善城市慢行交通系统。完善城市生态和通风廊道，提升城市绿化水平。深入实施国家节水行动。持续推进过度包装治理，倡导消费者理性消费，推动形成"节约光荣、浪费可耻"的社会氛围。

四、优化投资结构，拓展投资空间

善于把握投资方向，消除投资障碍，聚焦关键领域和薄弱环节，努力增加制造业投资，加大重点领域补短板力度，系统布局新型基础设施，着力提高投资效率，促进投资规模合理增长、结构不断优化，增强投资增长后劲。

（十二）加大制造业投资支持力度

围绕推动制造业高质量发展、建设制造强国，引导各类优质资源要素向制造业集聚。加大传统制造业优化升级投资力度，扩大先进制造领域投资，提高制造业供给体系质量和效率。加大制造业技术改造力度，支持企业应用创新技术和产品实施技术改造。完善促进制造业发展的政策制度，降低企业生产经营成本，提升制造业盈利能力。加强制造业投资的用地、用能等要素保障。创新完善制造业企业股权、债券融资工具。

（十三）持续推进重点领域补短板投资

加快交通基础设施建设。完善以铁路为主干、公路为基础，水运民航比较优势充分发挥的国家综合立体交通网，推进"6轴7廊8通道"主骨架建设，增强区域间、城市群间、省际交通运输联系。加强中西部地区、沿江沿海战略骨干通道建设，有序推进能力紧张通道升级扩容，加强与周边国家互联互通。加快国家铁路网建设，贯通"八纵八横"高速铁路主通道，有序推进区域连接线建设，加快普速铁路建设和既有铁路改造升级。支持重点城市群率先建成城际铁路网，推进重点都市圈市域（郊）铁路和城市轨道交通发展，并与干线铁路融合发展。完善公路网骨干线路，提升国家高速公路网络质量，加快省际高速公路建设，推进普通国省道瓶颈路段贯通升级。继续推进"四好农村路"建设。加强航空网络建设，加快建设国际和区域枢纽机场，积极推进支线机场和通用机场建设，推动打造京津冀、长三角、粤港澳大湾区、成渝世界级机场群。提升水运综合优势，在津冀沿海、长三角、粤港澳大湾区推动构建世界级港口群，支持建设国际航运中心，加快长江等内河高等级航道网建设。构建多层级、一体化综合交通枢纽体系。

加强能源基础设施建设。提升电网安全和智能化水平，优化电力生产和输送通道布局，完善电网主网架布局和结构，有序建设跨省跨区输电通道重点工程，积极推进配电网改造和农村电网建设，提升向边远地区输配电能力。优化煤炭产运结构，推进煤矿智能化、绿色化发展，优化建设蒙西、蒙东、陕北、山西、新疆五大煤炭供应保障基地，提高煤炭铁路运输能力。加快全国干线油气管道建设，集约布局、有序推进液化天然气接收站和车船液化天然气加注站规划建设。大幅提高清洁能源利用水平，建设多能互补的清洁能源基地，以沙漠、戈壁、荒漠地区为重点，加快建设大型风电、光伏基地。统筹推进现役煤电机组超低排放和节能改造，提升煤电清洁高效发展水平。推动构建新型电力系统，提升清洁能源消纳和存储能力。

加快水利基础设施建设。加快推进集防洪减灾、水资源调配、水生态保护等功能于一体的综合水网建设，提升国家水安全保障能力。推动综合性水利枢纽和调蓄工程建设，立足流域整体和水资源空间均衡配置，加快推进跨流域、跨区域水资源配置工程建设，实施对区域发展具有重要作用的引调水工程，提升水资源优化配置能力。加强节水基础设施建设。提升水旱灾害防御能力，加快补齐大江、大河、大湖防洪短板，推进堤防加固、河道治理、控制性工程、蓄滞洪区等建设，加强中小河流治理、山洪灾害防治和病险水库除险加固。推进供水、灌溉、水源工程建设，加强供水区域间联合调度。有条件的地区可将城镇周边的村庄纳入城镇供水体系。强化农村中小型水源工程建设和饮用水水源保护，推进大中型灌区建设与现代化改造。在沿海缺水城市推动大型海水淡化设施建设。

完善物流基础设施网络。统筹国家物流枢纽、国家骨干冷链物流基地、示范物流园区等布局建设，优化国家层面的骨干物流基础设施网络，提高跨区域物流服务能力，支撑构建"通道+枢纽+网络"的现代物流运行体系。优化以综合物流园区、专业配送中心、末端配送网点为支撑的商贸物流设施网络。加快建设农产品产地仓储保鲜、冷链物流设施，提高城乡冷链设施网络覆盖水平，推动食品产销供的冷链全覆盖。

加大生态环保设施建设力度。全面提升生态环境基础设施水平，构建集污水、垃圾、固废、危废、医废处理处置设施和监测监管能力于一体的环境基础设施体系，形成由城市向建制镇和乡村延伸覆盖的环境基础设施网络。实施重要生态系统保护和修复重大工程。推动建立生态保护补偿制度。全面推进资源高效利用，建设促进提高清洁能源利用水平、降低二氧化碳排放的生态环保设施。

完善社会民生基础设施。补齐医疗领域建设短板，完善城市传染病救治网络，全面提升县级医院救治能力，持续改善县级医院设施条件，补齐乡镇卫生院、村卫生室等基础医疗设备配备，全面改善疾控机构设施设备条件，健全口岸公共卫生防控体系，提高公共卫生防控救治能力。加快补齐教育资源短板，加强教育基础设施建设，改善各级、各类学校办学条件。增加普惠性养老和医养结合服务设施。完善妇幼健康服务设施，积极规划建设婴幼儿照护和未成年人保护服务机构及设施。提升县级公共文化设施水平，加强广播电视传输覆盖等设施建设。加快高品质、各具特色的旅游景区、度假区、休闲街区建设。提升体育场地设施水平，持续改善群众身边的健身设施。

（十四）系统布局新型基础设施

加快建设信息基础设施。建设高速泛在、天地一体、集成互联、安全高效的信息基础设施，增强数据感知、传输、存储、运算能力。加快物联网、工业互联网、卫星互联网、千兆光网建设，构建全国一体化大数据中心体系，布局建设大数据中心国家枢纽节点，推动人工智能、云计算等广泛、深度应用，促进"云、网、端"资源要素相互融合、智能配置。以需求为导向，增强国家广域量子保密通信骨干网络服务能力。

全面发展融合基础设施。推动 5G、人工智能、大数据等技术与交通物流、能源、生态环保、水利、应急、公共服务等深度融合，助力相关行业治理能力提升。支持利用 5G 技术对有线电视网络进行改造升级。积极稳妥发展车联网。

前瞻布局创新基础设施。支持有条件的地方建设区域性创新高地，适度超前布局建设重大科技基础设施。优化提升国家产业创新中心、国家制造业创新中心、国家工程研究中心、国家技术创新中心等产业创新基础设施，强化共性基础技术供给。

五、推动城乡区域协调发展，释放内需潜能

城镇化是扩大内需的重要支撑，把扩大内需战略和新型城镇化战略有序衔接起来，使之成为经济发展的重要推动力。推动城乡区域协调发展是释放内需潜能、促进产业升级的重要举措，坚持全国一盘棋，全面实施乡村振兴战略，坚持实施区域重大战略、区域协调发展战略，增强发展的整体性、协调性，充分释放内需潜在势能。

（十五）推进以人为核心的新型城镇化

推进农业转移人口市民化。深化户籍制度改革，建立健全经常居住地提供基本公共服务制度，促进农业转移人口全面融入城市，提高市民化质量。完善财政转移支付与农业转移人口市民化挂钩相关政策。依法保障进城落户农民的农村土地承包权、宅基地使用权、集体收益分配权，建立农村产权流转市场体系，健全农户"三权"市场化退出机制和配套政策。

培育城市群和都市圈。推进成渝地区双城经济圈等城市群建设，完善城市群一体化发展体制机制，统筹推进基础设施协调布局、产业分工协作、公共服务共享、生态共建环境共治。依托辐射带动能力较强的中心城市，提高通勤圈协同发展水平，

培育发展同城化程度高的现代化都市圈。推进超大、特大城市"瘦身健体",严控中心城市规模无序扩张。完善大中城市宜居宜业功能,支持培育新生中小城市。健全城镇体系,依法依规加强城市生态修复和功能完善,合理确定城市规模、人口密度、空间结构。

推进以县城为重要载体的城镇化建设。推进县城公共服务、环境卫生、市政公用、产业配套等设施提级扩能,增强综合承载能力和治理能力。鼓励东部城镇化地区县城加快发展,支持中西部和东北城镇化地区县城建设,合理引导农产品主产区和重点生态功能区县城建设。按照区位条件、资源禀赋、发展基础,分类引导小城镇发展。促进特色小镇规范健康发展。

推进城市设施规划建设和城市更新。加强市政水、电、气、路、热、信等体系化建设,推进地下综合管廊等设施和海绵城市建设,加强城市内涝治理,加强城镇污水和垃圾收集处理体系建设,建设宜居、创新、智慧、绿色、人文、韧性城市。加强城镇老旧小区改造和社区建设,补齐居住社区设施短板,完善社区人居环境。加快地震易发区房屋设施抗震加固改造,加强城市安全监测。强化历史文化保护,塑造城市风貌,延续城市历史文脉。

(十六)积极推动农村现代化

实施乡村建设行动。综合考虑村庄演变规律、集聚特点、现状分布,结合农民生产生活半径,合理确定村庄布局和规模。完善乡村基础设施和综合服务设施,提升农房品质,严格建房安全标准。加强农村生态文明建设和农村人居环境整治。推进农村移风易俗。加大农村地区文化遗产保护力度,保护传统村落、民族村寨和乡村风貌,让居民望得见山、看得见水、记得住乡愁。

完善乡村市场体系。健全农产品流通网络,加强农村商贸体系建设,畅通工业品下乡、农产品进城双向流通渠道。完善以县级物流节点为核心、乡镇服务站点为骨架、村级末端网点为延伸的县、乡、村三级物流节点设施体系,完善农村电商配套服务。培育农产品网络品牌。推动农村居民汽车、家电、家具、家装消费升级。引导县域引入城市消费新业态新模式,充分满足县乡居民个性化、多元化、中高端消费需求。持续依法打击假冒伪劣产品,规范农村市场秩序。

丰富乡村经济形态。深入实施质量兴农战略，推动农村一二三产业融合发展，高质量发展现代农产品加工业，延长农业产业链条。发展各具特色的现代乡村富民产业，壮大休闲农业、乡村旅游、民宿经济、乡村文化等特色产业。完善利益联结机制，让农民更多分享产业增值收益。发展新型农村集体经济，扶持各类新型农业经营主体，提高农业经营效益和农民职业吸引力。推动乡村人才振兴，优化农村创新创业环境，激发农村创新创业活力。

健全城乡融合发展体制机制。强化以工补农、以城带乡，推动形成工农互促、城乡互补、协调发展、共同繁荣的新型工农城乡关系。统筹推进城乡规划布局和建设管理，让城乡之间各美其美、美美与共。推动城乡在要素配置、产业发展、安全标准、公共服务、生态保护等方面相互融合和协同发展，促进城乡生产要素平等交换、双向自由流动和公共资源合理配置，逐步缩小城乡发展差距和居民生活水平差距。

（十七）优化区域经济布局

依托区域重大战略打造内需新增长极。以疏解北京非首都功能为"牛鼻子"，持续推动京津冀协同发展。坚持生态优先、绿色发展和共抓大保护、不搞大开发，全面推动长江经济带高质量发展。支持香港、澳门地区更好融入国家发展大局，积极稳妥推进粤港澳大湾区建设。紧扣"一体化"和"高质量"，提升长三角一体化发展水平。协调上中下游共抓大保护，扎实推进黄河流域生态保护和高质量发展。支持经济发展优势区域增强经济和人口承载能力，提升创新策源能力和全球资源配置能力，促进区域间融合互动、融通补充，培育新增长极，带动全国经济效率整体提升。

推动区域协调发展完善内需增长空间格局。在全国统一大市场框架下充分发挥各地区比较优势，努力实现差异竞争、错位发展，释放区域协调发展的巨大内需潜力。深入推进西部大开发、东北全面振兴、中部地区崛起、东部率先发展，支持欠发达地区、革命老区等特殊类型地区加快发展，加大对民族地区发展支持力度。推动巩固拓展脱贫攻坚成果同乡村振兴有效衔接，完善农村低收入人口和欠发达地区帮扶机制。健全区际利益补偿等促进区域协调发展机制。积极拓展海洋经济发展空间。

六、提高供给质量，带动需求更好实现

供给侧有效畅通可以打通循环堵点、消除瓶颈制约，满足现有需求并进一步引领、创造新需求。要面向需求结构变化和供给革命，顺应新一轮科技革命和产业变革趋势，强化科技自立自强，以创新驱动、高质量供给引领和创造新需求，推动供需在更高水平上实现良性循环。

（十八）加快发展新产业新产品

实现科技高水平自立自强。以国家战略性需求为导向优化国家创新体系整体布局，强化以国家实验室为引领的战略科技力量。推进科研院所、高等学校和企业科研力量优化配置、资源共享。健全新型举国体制，确定科技创新方向和重点，改进科研项目组织管理方式。在人工智能、量子信息、脑科学等前沿领域实施一批前瞻性、战略性国家重大科技项目。聚焦核心基础零部件及元器件、关键基础材料、关键基础软件、先进基础工艺和产业技术基础，引导产业链上下游联合攻关。持之以恒地加强基础研究，发挥好重要院所、高校的国家队作用，重点布局一批基础学科研究中心。加强科学研究与市场应用的有效衔接，支持产学研协同，促进产业链、创新链、生态链融通发展。强化企业科技创新主体作用。

壮大战略性新兴产业。深入推进国家战略性新兴产业集群发展，建设国家级战略性新兴产业基地。全面提升信息技术产业核心竞争力，推动人工智能、先进通信、集成电路、新型显示、先进计算等技术创新和应用。加快生物医药、生物农业、生物制造、基因技术应用服务等产业化发展。发展壮大新能源产业。推进前沿新材料研发应用。促进重大装备工程应用和产业化发展，加快大飞机、航空发动机和机载设备等研发，推进卫星及应用基础设施建设。发展数字创意产业。在前沿科技和产业变革领域，组织实施未来产业孵化与加速计划，前瞻谋划未来产业。推动先进制造业集群发展，建设国家新型工业化产业示范基地，培育世界级先进制造业集群。

加强创新产品应用。依托我国超大规模市场和完备产业体系，创造有利于新技术快速大规模应用和迭代升级的独特优势，加速科技成果向现实生产力转化。完善

激励和风险补偿机制，推动首台（套）装备、首批次材料等示范应用。建立重要产品快速审评、审批机制。

加快推动数字产业化和产业数字化。加强数字社会、数字政府建设，发展普惠性"上云用数赋智"，不断提升数字化治理水平。建立完善跨部门、跨区域的数据资源流通应用机制，强化数据安全保障能力，优化数据要素流通环境。加快数据资源开发利用及其制度规范建设，打造具有国际竞争力的数字产业集群，加大中小企业特别是制造业中小企业数字化赋能力度。积极参与数字领域国际规则和标准制定。

激发人才创新活力。遵循人才成长规律和科研活动规律，培养造就更多国际一流的领军人才。加强创新型、应用型、技能型人才培养，壮大高水平工程师和高技能人才队伍。鼓励大型企业与科研院所联合培养科技人才。健全以创新能力、质量、实效、贡献为导向的科技人才评价体系，完善技能人才评价制度。弘扬科学精神和工匠精神，提升全民科学素质。

（十九）*积极促进传统产业改造提升*

大力发展现代农业。持续强化农业基础地位，加快建立现代农业产业体系、生产体系、经营体系，发展农业专业化社会化服务。健全农业支持保护制度，优化农业生产区域布局，加强粮食生产功能区、重要农产品生产保护区、特色农产品优势区建设。优化农业生产结构，扩大紧缺农产品生产。加强高标准农田建设，加强东北黑土地保护和地力恢复，增强粮食综合生产能力。推动畜牧业转型升级，发展标准化规模养殖，强化动物疫病风险防控，推进畜禽养殖废弃物资源化利用。推进水产绿色健康养殖，规范有序发展海洋渔业。强化农业科技和装备支撑，推进农业机械化和农机装备智能化。推动发展智慧农业。

推进制造业高端化、智能化、绿色化。深入实施工业互联网创新发展战略。促进数据、人才、技术等生产要素向传统产业汇聚，推动企业加快数字化改造。发展智能制造、绿色制造，推动生产方式向柔性、智能、精细化转变。构建多层次资源高效循环利用体系，推进大宗固废综合利用，规范发展再制造产业。

优化区域产业产能布局。发挥各地区比较优势，优化区域分工协作格局。优化石化化工、钢铁等重要基础性产业规划布局，严格控制建设高耗能、高排放项目。

不断完善产业结构调整指导目录、西部地区鼓励类产业目录等，支持引导中西部和东北地区依托资源要素禀赋，在充分考虑资源环境承载能力基础上承接国内产业梯度转移。推进老工业基地制造业竞争优势重构。加强对重大生产力布局的统一规划和宏观指导，防止盲目投资和重复建设。

持续推动生产性服务业向高端延伸。发展服务型制造，鼓励制造业企业发展生产性服务业，拓展研发设计、供应链协同、系统解决方案、柔性化定制、全生命周期管理等增值服务，促进制造业企业由提供"产品"向提供"产品+服务"转变，提升价值链。推动现代服务业同先进制造业融合发展。积极发展科技服务业。支持智能制造、流程再造等领域新型专业化服务机构发展。发展研发、设计、检测等生产性服务外包，鼓励电子商务等服务业企业向制造环节拓展。引导研发设计企业与制造业企业嵌入式合作。培育专业化、国际化的知识产权服务品牌机构。聚焦提高要素配置效率，推动供应链金融、信息数据、人力资源等服务创新发展。

（二十）　着力加强标准质量品牌建设

健全产品和服务标准体系。建立健全全国统一的强制性国家标准体系。构建现代农业全产业链标准体系，完善制造业高端化标准体系，动态调整消费品安全标准，健全旅游、养老、商贸流通等服务业标准体系。优化企业标准"领跑者"制度。大力发展先进团体标准。加快构建国家现代先进测量体系。加强检验检测体系建设。

持续提高产品和服务质量。加强质量安全监管，推进质量分级，稳步提高消费品质量安全水平。健全质量认证体系，完善质量认证采信机制。加快建设覆盖线上线下的重要产品追溯体系，实施优质服务标识管理制度，促进品质消费。

深入实施商标品牌战略。打造中国品牌，培育和发展中华老字号和特色传统文化品牌。持续办好中国品牌日活动，宣传推介国货精品，增强全社会品牌发展意识，在市场公平竞争、消费者自主选择中培育更多享誉世界的中国品牌。

七、健全现代市场和流通体系，促进产需有机衔接

完善的市场体系可以推动资源配置实现效益最大化和效率最优化，高效的流通体系能够在更大范围、更深程度把生产和消费有机联系起来。要推动形成全国统一

大市场，加快健全市场体系基础制度，建设现代流通体系，优化生产要素配置，有效提高市场运行和流通效率，促进生产与需求紧密结合。

（二十一）提升要素市场化配置水平

推进劳动力要素有序流动。营造公平就业环境，保障城乡劳动者享有平等就业权利。建立协调衔接的劳动力、人才流动政策体系和交流合作机制，健全统一规范的人力资源市场体系，完善全国统一的人力资源社会保障公共服务平台，推动公共资源由主要按城市行政等级配置向主要按实际服务管理人口规模配置转变。

推动经营性土地要素市场化配置。健全城乡统一的建设用地市场，合理调节土地增值收益。探索建立全国性的建设用地指标和补充耕地指标跨区域交易机制。加快培育发展建设用地二级市场，推进产业用地市场化配置，推动不同产业用地类型合理转换，探索增加混合产业用地供给。完善城乡基准地价、标定地价的制定与发布制度，逐步形成与市场价格挂钩的动态调整机制。充分利用市场机制盘活存量土地和低效用地。

完善知识、技术、数据要素配置机制。深化科技成果使用权、处置权、收益权改革，完善职务科技成果转化激励机制。加大科研单位改革力度，支持科研事业单位试行更灵活的岗位、薪酬等管理制度。建立健全高等学校、科研机构、企业间创新资源自由有序流动机制。建设国家知识产权和科技成果产权交易机构。完善数据要素市场化配置机制，建立数据资源产权、交易流通、跨境传输、安全保护等基础制度和标准规范。

（二十二）加快建立公平统一市场

完善公平竞争的市场秩序。在要素获取、准入许可、经营运行、标准制定、招投标、政府采购等方面，对各类所有制企业平等对待。建立公平开放透明的竞争规则，构建覆盖事前、事中、事后全环节的竞争政策实施机制，健全公平竞争审查机制，强化公平竞争审查刚性约束。加强和改进反垄断和反不正当竞争执法，完善法律法规。完善市场竞争状况评估制度。

加快构建全国统一大市场。破除地方保护和市场分割，建设高效规范、公平竞争的国内统一市场，破除妨碍生产要素市场化配置和商品服务流通的体制机制障碍，降低全社会交易成本。健全市场准入负面清单制度，全面提升市场准入效能。推进能源、铁路、电信、公用事业等行业竞争性环节市场化改革。深化公共资源交易平台整合共享。合理划分不同层级政府市场监管事权，构建跨区域市场监管机制，有效防止滥用行政权力限制竞争。

（二十三）建设现代流通体系

优化现代商贸体系。提升城市商业水平，发展智慧商圈，构建分层分类的城市商业格局，打造"一刻钟"便民生活圈。加强县域商业建设，建立、完善农村商业体系。加快物联网、人工智能等技术与商贸流通业态融合创新，同时注意防范垄断和安全风险。

发展现代物流体系。围绕做优服务链条、做强服务功能、做好供应链协同，完善集约高效的现代物流服务体系。促进现代物流业与农业、制造、商贸等融合发展。积极发展公铁水联运、江海联运和铁路快运。探索建立城市群物流统筹协调机制，培育有机协同的物流集群。优化国际海运航线，强化国际航空货运网络，巩固提升中欧班列等国际铁路运输组织，推动跨境公路运输发展，支持优化海外仓全球布局，加快构建高效畅通的多元化国际物流干线通道，形成内外联通、安全高效的物流网络。

八、深化改革开放，增强内需发展动力

用足、用好改革这个关键一着，实行更高水平开放，能够为深挖国内需求潜力、拓展扩大最终需求提供强大动力。要聚焦重点领域重点问题，加强改革开放举措的系统集成、协同高效，完善促进消费、扩大投资的制度安排，为国内市场发展提供源源不断的动力和活力。

（二十四）完善促进消费的体制机制

持续释放服务消费潜力。实施宽进严管，对可以依靠市场充分竞争提升供给质量的服务消费领域取消准入限制。对于电力、油气等行业中具有自然垄断属性的服务领域，根据不同行业特点实行网运分开，放宽上下游竞争相对充分的服务业准入门槛。按照政事分开、事企分开、管办分离的要求，持续推进教育、科技、文化、

卫生、体育等领域事业单位改革。

加强消费者权益保护。建立健全适应消费新业态、新模式发展特点的新型监管机制。建立假冒伪劣产品惩罚性巨额赔偿制度。健全缺陷产品召回、产品伤害监测、产品质量担保等制度，完善多元化消费维权机制和纠纷解决机制。严格食品药品监管，确保安全。强化重点商品和服务领域价格监管，维护市场价格秩序。

（二十五）推进投融资体制改革

加大对民间投资支持和引导力度。坚持毫不动摇地巩固和发展公有制经济，毫不动摇地鼓励、支持、引导非公有制经济发展，促进公有制经济和非公有制经济优势互补、共同发展。完善支持政策，发挥政府资金引导带动作用，引导民间资本参与新型基础设施、新型城镇化、交通水利等重大工程和补短板领域建设。鼓励民营企业增加研发投入，推动设备更新和技术改造，扩大战略性新兴产业投资，提高自主创新能力，掌握拥有自主知识产权的核心技术。鼓励和引导非国有资本投资主体通过参股控股、资产收购等多种形式，参与国有企业改制重组。切实保护民营企业的合法权益，培育和维护公平竞争的投资环境。加强对民营企业的服务、指导和规范管理。

持续完善投资管理模式。协同推进投资审批制度改革，规范有序推广企业投资项目承诺制、区域评估、标准地改革等投资审批创新经验，加强投资决策与规划和用地、环评的制度衔接。完善投资法规制度和执法机制，健全地方配套制度体系。加强投资项目特别是备案类项目的事中、事后监管。建立健全投资审批数据部门间的共享机制，推动投资审批权责"一张清单"、审批数据"一体共享"、审批事项"一网通办"。

健全投资项目融资机制。持续优化政府投资结构，加大对补短板领域支持力度。有序推动基础设施领域不动产投资信托基金健康发展。通过多种方式盘活存量资产，形成存量资产和新增投资的良性循环。规范有序地推进政府和社会资本合作。鼓励金融机构依法合规提供更多直达实体经济的金融产品和服务。健全政府性融资担保体系。增强资本市场对实体经济的融资功能，提高直接融资特别是股权融资比重。扩大债券融资规模，推进债券市场互联互通。

（二十六）优化营商环境激发市场活力

深化"放管服"改革。持续深化行政审批制度改革和商事制度改革，减少和优化涉企经营许可事项，改革完善生产许可制度，简化工业产品生产许可证审批程序。加快建立全方位、多层次、立体化监管体系，实现事前、事中、事后全链条全领域监管。提升企业开办标准化、规范化、便利化水平，简化普通注销程序，建立健全企业破产和自然人破产制度。加快推动市场数据跨部门共享，规范商业机构数据公开使用与发布。完善营商环境评价体系。

健全现代产权制度。加强产权保护和激励，完善以公平为原则的产权保护制度，完善产权执法司法保护制度，全面依法平等保护各类产权。强化知识产权全链条保护，提升知识产权审查能力，建立健全知识产权侵权快速反应、惩罚性赔偿等机制。加强数据、知识、环境等领域产权制度建设，完善自然资源资产产权制度和法律法规。完善国有产权交易制度，完善农村集体产权确权和保护制度。

完善社会信用体系。推进信用法治建设，健全社会信用法律法规和政策体系。依法依规加强信用信息归集、共享、公开、应用，建立公共信用信息同金融信息共享整合机制。建立健全以信用为基础的新型监管机制，加强企业信用状况综合评价，推广信用承诺和告知承诺制，依法依规健全守信激励和失信惩戒机制。强化消费信用体系建设。加强诚信文化建设和宣传教育，营造公平诚信的市场环境和社会环境。

（二十七）发挥对外开放对内需的促进作用

高质量共建"一带一路"。推进基础设施互联互通，拓展第三方市场合作。构筑互利共赢的产业链供应链合作体系，深化国际产能合作，扩大双向贸易和投资，健全多元化投融资体系。加快推进西部陆海新通道高质量发展，提高中欧班列开行质量，推动国际陆运贸易规则制定。支持各地深化与共建"一带一路"国家交流合作。

持续提升利用外资水平。推进投资便利化，稳步推动规则、规制、管理、标准等制度型开放，健全外商投资准入前国民待遇加负面清单管理制度，全面深入落实准入后国民待遇，促进内外资企业公平竞争。鼓励外商投资中高端制造、高新技术和现代服务产业。加强外商投资合法权益保护力度。促进引资与引智更好地结合，鼓励外资企业进一步融入我国创新体系。

打造高水平、宽尺度、深层次的开放高地。坚持推动更高水平开放与区域协调发展相结合，协同推动扩大内陆开放、加快沿边开放、提升沿海开放层次。建设好各类开发、开放平台和载体，加快培育更多内陆开放高地。发挥京津冀、长三角、粤港澳大湾区等地区先导示范效应，打造面向东北亚、中亚、南亚、东南亚的沿边开放合作门户。赋予自由贸易试验区更大改革自主权。稳步推进海南自由贸易港建设，建立中国特色自由贸易港政策和制度体系。

稳步推进多双边贸易合作。实施自由贸易区提升战略，做好区域全面经济伙伴关系协定生效后实施工作，推动商签更多高标准自由贸易协定和区域贸易协定。促进我国与周边国家地区农业、能源、服务贸易、高新技术等领域合作不断深化。推进国际陆海贸易新通道建设。优化促进外贸发展的财税政策，不断完善与我国经济发展水平相适应的关税制度。

扩大重要商品和服务进口。拓宽优质消费品、先进技术、重要设备、关键零部件和重要能源资源进口渠道。支持国内产业转型升级需要的技术、设备及零部件进口，鼓励研发设计、节能环保、环境服务等生产性服务进口。扩大与人民生活密切相关的优质商品、医药产品和康复服务等进口。支持边境贸易创新发展。持续办好中国国际进口博览会、中国进出口商品交易会、中国国际服务贸易交易会、中国国际消费品博览会等，推动进口规模扩大、结构优化、来源多元化。

九、扎实推动共同富裕，厚植内需发展潜力

共同富裕是社会主义的本质要求，是中国式现代化的重要特征。坚持以人民为中心的发展思想，在高质量发展中促进共同富裕，正确处理效率和公平的关系，完善收入分配格局，构建初次分配、再分配、三次分配协调配套的基础性制度安排，加大税收、社保、转移支付等调节力度并提高精准性，扩大中等收入群体比重，增加低收入群体收入，合理调节高收入，取缔非法收入，促进社会公平正义，促进人的全面发展，增强内需发展后劲。

（二十八）持续优化初次分配格局

提升就业质量增加劳动者劳动收入。持续实施就业优先战略，坚持经济发展就

业导向，扩大就业容量，提升就业质量，促进充分就业。注重缓解结构性就业矛盾，加快提升劳动者技能素质，发展现代职业教育，健全终身职业技能培训制度。加快新一代信息技术与制造业深度融合，挖掘新产业、新业态、新模式带动就业潜力，创造更多、更高质量、更高收入的就业岗位。健全就业公共服务体系、劳动关系协调机制，完善重点群体就业支持体系。加快乡村产业振兴，积极促进农民工就业，增加农村居民工资性收入。

提高劳动报酬在初次分配中的比重。坚持居民收入增长和经济增长基本同步、劳动报酬提高和劳动生产率提高基本同步，增加劳动者特别是一线劳动者劳动报酬。完善企业薪酬调查和信息发布制度，健全劳动者工资决定、合理增长和支付保障机制，健全最低工资标准调整机制。改革完善事业单位工资、国有企业工资分配等制度。积极推行工资集体协商制度。实施渐进式延迟法定退休年龄。

健全各类生产要素参与分配机制。构建知识、技术、数据等创新要素参与收益分配机制，强化以增加知识价值为导向的分配政策，发挥工资激励保障作用。完善国有企业科技人才薪酬激励政策。完善股份制企业特别是上市公司分红制度。完善股票发行、信息披露等制度，推动资本市场规范、健康发展。创新更多适应家庭财富管理需求的金融产品，增加居民投资收益。探索通过土地、资本等要素使用权、收益权增加中低收入群体要素收入。

扩大中等收入群体规模。通过开展示范区建设等，探索扎实推动共同富裕的有效路径。推进高等学校和职业院校毕业生、技能型劳动者、农民工等群体稳定增收，培育高素质农民，完善小微创业者扶持政策，支持个体工商户、灵活就业人员等群体勤劳致富，使更多普通劳动者通过自身努力进入中等收入群体。健全公共服务体系，合理减轻中等收入群体负担。

（二十九）逐步健全再分配机制

加大财税制度对收入分配的调节力度。健全直接税体系，完善综合与分类相结合的个人所得税制度，加强对高收入者的税收调节和监管。完善中央与地方财政事权和支出责任划分，推动教育、养老、医疗、住房保障等基本公共服务均等化。完善转移支付制度，重点加大对发展水平相对落后地区的转移支付力度。有序增加社会民生领域资金投入，优化教育支出结构。

健全社会保障制度。推进基本养老保险由制度全覆盖到法定人群全覆盖，完善灵活就业人员参加职工社会保险制度。发展企业年金、职业年金，规范发展第三支柱养老保险。完善基本医疗保险制度，健全重特大疾病医疗保险和救助制度，支持商业健康保险发展。实现企业职工基本养老保险全国统筹，推动基本医疗保险、失业保险省级统筹，巩固完善工伤保险省级统筹。健全社会保障待遇调整机制。完善社会救助制度兜底功能。完善帮扶残疾人、孤儿等社会福利制度。健全退役军人工作体系和保障制度。

（三十）重视发挥第三次分配作用

发展慈善事业。建立健全慈善事业发展体制机制，规范培育发展慈善组织。完善慈善褒奖制度，引导支持有意愿、有能力的企业和社会群体积极参与公益慈善事业。

健全志愿服务体系。发展社会工作服务机构和志愿服务组织，壮大志愿者队伍，搭建更多志愿服务平台，全面提升志愿服务水平。广泛开展志愿服务关爱行动。探索建立文明实践积分银行，将志愿服务活动、践行文明行为等纳入积分管理，促进形成志愿服务良好社会氛围。

十、提升安全保障能力，夯实内需发展基础

把安全发展贯穿扩大内需工作各领域和全过程，着力提升粮食、能源和战略性矿产资源等领域供应保障能力，有效维护产业链供应链稳定，不断提高应对突发应急事件能力，为国内市场平稳发展提供坚强安全保障。

（三十一）保障粮食安全

推进粮食稳产增产。深入实施藏粮于地、藏粮于技战略，坚持最严格的耕地保护制度，严守18亿亩耕地红线，坚决遏制耕地"非农化"、严格管控"非粮化"。推进合理布局，主产区、主销区、产销平衡区都要保面积、保产量，加大粮食生产政策支持力度，确保口粮绝对安全、谷物基本自给。实施重要农产品保障战略，实现生猪基本自给，其他重要农副产品供应充足。

健全粮食产购储加销体系。落实粮食安全党政同责要求。深化粮食等重要农产品收储制度改革，加快培育多元市场购销主体，科学确定粮食储备规模、结构、布局，完善粮食储备管理体制和运行机制。加强粮食、棉、糖等重要农产品仓储物流设施建设。强化地方储备体系建设，健全层级分明、运作高效的农产品储备体系。深入推进优质粮食工程，加快构建现代化粮食产业体系。持续倡导节粮减损。

加强种子安全保障。建立健全现代种业体系，加强种质资源保护利用和种子库建设，提高资源保护、育种创新、品种测试、良种繁育能力，实施农业生物育种重大科技项目。在尊重科学、严格监管的前提下，有序推进生物育种产业化应用。

（三十二）强化能源资源安全保障

增强国内生产供应能力。推动国内油气增储上产，加强陆海油气开发。推动页岩气稳产、增产，提升页岩油开发规模。引导和鼓励社会资本进入油气勘探开采领域。稳妥推进煤制油气，规划建设煤制油气战略基地。深入实施找矿突破战略行动，开展战略性矿产资源现状调查和潜力评价，积极开展现有矿山深部及外围找矿，延长矿山服务年限。持续推进矿山智能化、绿色化建设。

（三十三）增强产业链供应链安全保障能力

推进制造业补链强链。实施产业基础再造工程，健全产业基础支撑体系，加强产业技术标准体系建设。巩固拓展与周边国家产业链供应链合作，共同维护国际产业链、供应链稳定运行。实施制造业供应链提升工程，构建制造业供应链生态体系。围绕重点行业产业链、供应链关键原材料、技术、产品，增强供应链灵活性、可靠性。

保障事关国计民生的基础产业安全稳定运行。聚焦保障煤电油气运安全稳定运行，强化关键仪器设备、关键基础软件、大型工业软件、行业应用软件和工业控制系统、重要零部件的稳定供应，保证核心系统运行安全。保障居民基本生活必需品产业链安全，实现极端情况下群众基本生活不受大的影响。

（三十四）推动应急管理能力建设

增强重特大突发事件应急能力。加强应急物资装备保障体系建设，强化公共卫生、灾害事故等领域应急物资保障，完善中央、省、市、县、乡五级应急物资储备网络。建设国家级应急物资储备库，升级地方应急物资储备库和救援装备库，中央应急物资储备向中西部地区和灾害多发、易发地区倾斜。优化重要应急物资产能区域布局，实施应急产品生产能力储备工程，引导企业积极履行社会责任建立必要的产能储备，建设区域性应急物资生产保障基地，完善国家应急资源管理平台。健全应急决策支撑体系，建设应急技术装备研发实验室。加快提升应急物流投送与快速反应能力，完善应急广播体系。

加强应急救援力量建设。完善航空应急救援体系，推进新型智能装备、航空消防大飞机、特种救援装备、特殊工程机械设备研发配备。加大综合性消防救援队伍和专业救援队伍、社会救援队伍建设力度，推动救援队伍能力现代化。推进城乡公共消防设施建设，推进重点场所消防系统改造。强化危险化学品、矿山、道路交通等重点领域生命防护，提高安全生产重大风险防控能力。

推进灾害事故防控能力建设。支持城乡防灾基础设施建设，完善防汛抗旱、防震减灾、防风抗潮、森林草原防灭火、地震地质灾害防治等骨干设施。提升城市防洪排涝能力，逐步建立完善防洪排涝体系。优化国土空间防灾、减灾、救灾设施布局，推进公共基础设施安全加固，加快构建城乡应急避难场所体系。加强防灾、减灾、救灾和安全生产科技信息化支撑能力，加快构建天空地一体化灾害事故监测预警体系和应急通信体系。发展巨灾保险产业。

十一、实施保障

(三十五) 加强党的全面领导

各地区、各部门要深入学习贯彻习近平新时代中国特色社会主义思想，增强"四个意识"、坚定"四个自信"、做到"两个维护"，不断提高政治判断力、政治领悟力、政治执行力，不断提高把握新发展阶段、贯彻新发展理念、构建新发展格局的政治能力、战略眼光、专业水平，抓好重大任务和政策落实。充分调动各有关方面实施扩大内需战略的积极性、主动性、创造性，为实现规划纲要确定的主要目标提供坚强的组织保障。

(三十六) 完善组织协调机制

各有关部门要加强实施扩大内需战略部际协调，发挥统筹协调作用，推动落实扩大内需各项工作；定期编制扩大内需战略实施方案，进一步细化、实化规划纲要明确的重大任务和重大政策。地方各级政府要因地制宜积极作为，把实施扩大内需战略纳入经济社会发展规划，结合实际制定本地区扩大内需战略政策措施，压实地方落实扩大内需战略责任，创新规划纲要组织实施方式，发挥各方面作用，坚决杜绝形式主义、官僚主义。

（三十七）强化政策协同配合

完善宏观经济治理，不断创新和完善宏观调控，强化宏观政策对实施扩大内需战略的统筹支持。着力发挥规划纲要导向作用，加强财政、货币、就业、产业、投资、消费、环保、区域等政策的协同配合，推动形成扩大内需的政策合力。密切跟踪分析政策落实情况及内需形势变化，加强扩大内需政策研究储备，完善政策制定和执行机制，强化政策成效评估，保障战略目标顺利实现。

（三十八）加大宣传引导力度

各地区、各有关部门要加强扩大内需战略的宣传和引导，综合运用各种媒体，通过大众喜闻乐见的形式深入解读扩大内需战略的新举措、新要求，进一步营造浓厚社会氛围。及时总结规划纲要实施成效，充分挖掘各地区和不同行业、企业在扩大内需方面的成功案例，通过多种形式及时总结推广好经验、好做法。

国务院办公厅关于进一步加强商品过度
包装治理的通知

（国办发〔2022〕29 号）

各省、自治区、直辖市人民政府，国务院各部委、各直属机构：

商品过度包装是指超出了商品保护、展示、储存、运输等正常功能要求的包装，主要表现为包装层数过多、包装空隙过大、包装成本过高、选材用料不当等。近年来，各地区、各部门按照《国务院办公厅关于治理商品过度包装工作的通知》（国办发〔2009〕5 号）部署，认真推进商品过度包装治理，完善相关法律法规标准，取得积极进展。但治理工作仍存在不少薄弱环节和突出问题，尤其是随着消费新业态快速发展，商品过度包装现象有"卷土重来"之势。为贯彻落实党中央、国务院决策部署，进一步加强商品过度包装治理，经国务院同意，现就有关事项通知如下。

一、高度重视商品过度包装治理工作

各地区、各部门要以习近平新时代中国特色社会主义思想为指导，深入贯彻习近平生态文明思想，立足新发展阶段，完整、准确、全面贯彻新发展理念，构建新发展格局，推动高质量发展，认真贯彻落实固体废物污染环境防治法、消费者权益保护法、标准化法、价格法等法律法规和国家有关标准，充分认识进一步加强商品过度包装治理的重要性和紧迫性，在生产、销售、交付、回收等各环节明确工作要求，强化监管执法，健全标准体系，完善保障措施，坚决遏制商品过度包装现象，为促进生产生活方式绿色转型、加强生态文明建设提供有力支撑。到 2025 年，基本形成商品过度包装全链条治理体系，相关法律法规更加健全，标准体系更加完善，行业管理水平明显提升，线上线下一体化执法监督机制有效运行，商品过度包装治理能力显著增强。月饼、粽子、茶叶等重点商品过度包装违法行为得到有效遏制，人民群众获得感和满意度显著提升。

二、强化商品过度包装全链条治理

（一）加强包装领域技术创新

推动包装企业提供设计合理、用材节约、回收便利、经济适用的包装整体解决方案，自主研发低克重、高强度、功能化包装材料及其生产设备，创新研发商品和快递一体化包装产品。充分发挥包装企业在推广简约包装、倡导理性消费中的桥梁纽带作用，推动包装设计、商品生产等上下游各环节践行简约适度理念。（工业和信息化部和各地方人民政府按职责分工负责）

（二）防范商品生产环节过度包装

督促指导商品生产者严格按照限制商品过度包装强制性标准生产商品，细化限制商品过度包装的管理要求，建立完整的商品包装信息档案，记录商品包装的设计、制造、使用等信息。引导商品生产者使用简约包装，优化商品包装设计，减少商品包装层数、材料、成本，减少包装体积、重量，减少油墨印刷，采用单一材料或便于分离的材料。（工业和信息化部、市场监管总局等部门和各地方人民政府按职责分工负责）督促商品生产者严格遵守标准化法要求，公开其执行的包装有关强制性标准、推荐性标准、团体标准或企业标准的编号和名称。（市场监管总局和各地方人民政府按职责分工负责）引导医疗机构针对门诊、住院、慢性病等不同场景和类型提出药品包装规格需求。引导药品生产者优化药品包装规格。（国家卫生健康委、国家药监局和各地方人民政府按职责分工负责）

（三）避免销售过度包装商品

督促指导商品销售者细化采购、销售环节限制商品过度包装有关要求，明确不销售违反限制商品过度包装强制性标准的商品。加强对电商企业的督促指导，实现线上线下要求一致。鼓励商品销售者向供应方提出有关商品绿色包装和简约包装要求。（商务部、市场监管总局和各地方人民政府按职责分工负责）督促指导外卖平台企业完善平台规则，对平台内经营者提出外卖包装减量化要求。（商务部负责）督促指导餐饮经营者对外卖包装依法明码标价。（市场监管总局和各地方人民政府

按职责分工负责)

(四) 推进商品交付环节包装减量化

指导寄递企业制/修订包装操作规范,细化限制快递过度包装要求,并通过规范作业减少前端收寄环节的过度包装。鼓励寄递企业使用低克重、高强度的纸箱、免胶纸箱,通过优化包装结构减少填充物使用量。(国家邮政局和各地方人民政府按职责分工负责)推行快递包装绿色产品认证,推广使用绿色快递包装。(国家邮政局、市场监管总局负责)督促指导电商平台企业加强对平台内经营者的引导,提出快递包装减量化要求。(商务部负责)督促指导电商企业加强上下游协同,设计并应用满足快递物流配送需求的电商商品包装,推广电商快件原装直发。(商务部、国家邮政局、工业和信息化部按职责分工负责)

(五) 加强包装废弃物回收和处置

进一步完善再生资源回收体系,鼓励各地区以市场化招商等方式引进专业化回收企业,提高包装废弃物回收水平。鼓励商品销售者与供应方订立供销合同时对商品包装废弃物回收作出约定。(商务部和各地方人民政府按职责分工负责)进一步完善生活垃圾清运体系,持续推进生活垃圾分类工作,健全与生活垃圾源头分类投放相匹配的分类收集、分类运输体系,加快分类收集设施建设,配齐分类运输设备,提高垃圾清运水平。(住房城乡建设部和各地方人民政府按职责分工负责)

三、加大监管执法力度

(六) 加强行业管理

进一步细化商品生产、销售、交付等环节限制过度包装配套政策。加强对电商、快递、外卖等行业的监督管理,督促指导相关行业优先采用可重复使用、易回收利用的包装物,优化物品包装,减少包装物的使用。督促生产经营者落实国家限制过度包装的相关法律标准,将该项任务纳入年度工作计划及有关部署,及时掌握本行业过度包装情况,建立提示、警示、约谈等行政指导机制。(工业和信息化部、农业农村部、商务部、市场监管总局、国家邮政局等部门按职责分工负责)

(七) 强化执法监督

针对重要节令、重点行业和重要生产经营企业,聚焦月饼、粽子、茶叶、保健食品、化妆品等重点商品，依法严格查处生产、销售过度包装商品的违法行为，尤其要查处链条性、隐蔽性案件。对酒店、饭店等提供高端化、定制化礼品中的过度包装行为，以及假借文创名义的商品过度包装行为，依法从严查处。压实电商平台企业主体责任，督促其加强平台内经营者主体资质和商品信息审核并积极配合监管执法。坚持线上线下一体化监管，建立健全对电商渠道销售过度包装商品的常态化监管执法机制，依法查处线上销售过度包装商品的违法行为。畅通消费者投诉渠道，对消费者反映强烈的突出问题，依法从严查处。加强对企业公开其执行包装有关标准情况的执法检查。适时向社会曝光反面案例。（市场监管总局等部门和各地方人民政府按职责分工负责）及时对落实限制商品过度包装强制性标准进展滞后的地区予以督促整改，对落实成效显著的地区予以通报表扬。（市场监管总局负责）及时组织开展商品过度包装治理进展情况社会满意度调查。（国家发展改革委负责）通过"双随机、一公开"等方式对寄递企业进行过度包装执法检查，组织快递过度包装专项抽查，强化快递包装质量监督。（国家邮政局和各地方人民政府按职责分工负责）

四、完善支撑保障体系

（八）健全法律法规

研究推动循环经济促进法等法律法规与固体废物污染环境防治法有效衔接，进一步强化市场主体法律责任，提高违法成本。（国家发展改革委、司法部等部门按职责分工负责）研究修订《快递暂行条例》，细化限制快递过度包装管理和处罚要求。（国家邮政局、司法部按职责分工负责）鼓励有条件的地方制/修订限制商品过度包装地方法规。（各地方人民政府负责）

（九）完善标准体系

制定食用农产品限制过度包装强制性标准，明确水果等食用农产品过度包装判定依据。（市场监管总局、农业农村部按职责分工负责）适时修订食品和化妆品限制过度包装强制性标准，进一步细化有关要求。（市场监管总局、工业和信息化部按职责分工负责）制定限制快递过度包装强制性标准。（市场监管总局、国家邮政局按职责分工负责）修订限制商品过度包装通则标准，提出更适用的要求。针对玩具及婴童用品、电子产品等领域，制定并推行简约包装和限制过度包装的推荐性国家标准，明确判定过度包装的依据，引导包装减量化。（市场监管总局负责）制定电子商务物流绿色包装技术和管理方面的行业标准。（商务部负责）建立强制性标准实施情况统计分析报告制度，面向产业集聚区开展包装强制性标准实施情况统计分析试点，动态反馈和评估实施效果，不断强化标准实施。（市场监管总局负责）

（十）强化政策支持

将商品过度包装、快递过度包装执法检查所需经费纳入本级财政预算，保障执法检查工作有序开展。（各地方人民政府负责）安排中央预算内投资支持符合条件的可循环快递包装配送体系建设、专业化智能化回收设施建设等项目。（国家发展改革委负责）完善政府绿色采购政策，进一步细化商品包装政府采购需求标准，研究明确强制采购要求，发挥政府采购引导作用。（财政部负责）依托国家重点研发计划项目部署，开展快递包装绿色设计、低能耗智能物流配送等方面的技术研发。（科技部负责）

（十一）加强行业自律

督促指导食品和化妆品生产领域主要行业协会定期向社会发布杜绝商品过度包装报告，公布行业遵守相关法律法规标准和推广简约包装情况。（工业和信息化部等部门负责）加强限制商品过度包装法律法规标准宣贯培训，将限制商品过度包装纳入行业经营自律规范、自律公约，引导重点生产和销售企业带头推广简约包装，积极向社会公布商品包装情况。（相关行业协会负责）

五、强化组织实施

（十二）加强部门协同

国务院有关部门要各司其职、各负其责，加大指导、支持和督促力度，确保各项任务落实到位。国家发展改革委、市场监管总局、工业和信息化部、农业农村部、商务部、国家邮政局等有关部门要建立工作会商机制，加强统筹协调，强化政策衔接，及时沟通进展情况，研究解决重大问题，重大情况及时按程序向国务院请示报

告。(各有关部门按职责分工负责)

(十三)　落实地方责任

地方各级人民政府是商品过度包装治理工作的责任主体,要严格落实责任,健全工作机制,加强组织实施,将治理商品过度包装作为生态文明建设的重要内容抓实、抓好,可结合实际研究制定针对性配套措施。(各地方人民政府负责)

(十四)　加强宣传教育

按照"谁执法谁普法"普法责任制要求,积极开展限制过度包装普法宣传教育。通过报纸、广播电视、新媒体等渠道,大力宣传限制商品过度包装的标准和政策,加强正面宣传,积极报道典型做法、先进单位和个人,营造良好的社会氛围。发挥媒体监督作用,加强对违法违规问题的曝光。鼓励消费者绿色消费,购买简约包装商品。各级行政机关、社会团体、事业单位、国有企业要带头自觉抵制过度包装商品。(中央宣传部等部门和各地方人民政府按职责分工负责)

国务院办公厅

2022 年 9 月 1 日

商务部等 17 部门关于搞活汽车流通
扩大汽车消费若干措施的通知

（商消费发〔2022〕92 号）

各省、自治区、直辖市人民政府，新疆生产建设兵团：

汽车业是国民经济的战略性、支柱性产业。为进一步搞活汽车流通，扩大汽车消费，助力稳定经济基本盘和保障改善民生，经国务院同意，现将有关事项通知如下：

一、支持新能源汽车购买使用

（一）促进跨区域自由流通，破除新能源汽车市场地方保护，各地区不得设定本地新能源汽车车型备案目录，不得对新能源汽车产品销售及消费补贴设定不合理车辆参数指标。

（二）支持新能源汽车消费，研究免征新能源汽车车辆购置税政策到期后的延期问题。深入开展新能源汽车下乡活动，鼓励有条件的地方出台下乡支持政策，引导企业加大活动优惠力度，促进农村地区新能源汽车消费使用。

（三）积极支持充电设施建设，加快推进居住社区、停车场、加油站、高速公路服务区、客货运枢纽等充电设施建设，引导充电桩运营企业适当下调充电服务费。

二、加快活跃二手车市场

（四）取消对开展二手车经销的不合理限制，明确登记注册住所和经营场所在二手车交易市场以外的企业可以开展二手车销售业务。对从事新车销售和二手车销售的企业，经营范围统一登记为"汽车销售"，按有关规定做好备案。备案企业应如实填报经营内容等信息，商务部门要及时将备案企业信息推送至公安机关、税务部门。自 2022 年 10 月 1 日起，对已备案汽车销售企业从自然人处购进二手车的，允许企业反向开具二手车销售统一发票并凭此办理转移登记手续。

（五）促进二手车商品化流通，明确汽车销售企业应当按照国家统一的会计制度，将购进并用于销售的二手车按照"库存商品"科目进行会计核算。自 2022 年 10 月 1 日起，已备案汽车销售企业申请办理小型非营运二手车转移登记时，公安机关实行单独签注管理，核发临时号牌。对汽车限购城市，明确汽车销售企业购入并用于销售的二手车不占用号牌指标。

（六）支持二手车流通规模化发展，各地区严格落实全面取消二手车限迁政策，自 2022 年 8 月 1 日起，在全国范围（含国家明确的大气污染防治重点区域）取消对符合国五排放标准的小型非营运二手车的迁入限制，促进二手车自由流通和企业跨区域经营。自 2023 年 1 月 1 日起，对自然人在一个自然年度内出售持有时间少于 1 年的二手车达到 3 辆及以上的，汽车销售企业、二手车交易市场、拍卖企业等不得为其开具二手车销售统一发票，不予办理交易登记手续，有关部门按规定处理。公安机关、税务部门共享核查信息，税务部门充分运用共享信息，为有关企业开具发票提供信息支撑。

三、促进汽车更新消费

（七）鼓励各地综合运用经济、技术等手段推动老旧车辆退出，有条件的地区可以开展汽车以旧换新，加快老旧车辆淘汰更新。

（八）完善报废机动车回收利用体系，支持符合条件的企业获得报废机动车回收资质。对《报废机动车回收管理办法实施细则》施行前已取得资质的企业，如因新冠疫情影响无法按期重新完成资质认定的，可延期到 2023 年 3 月 1 日。加大对报废机动车回收企业建设项目用地支持力度，企业建设项目用地性质原则上应为工业用地，对已取得报废机动车回收资质的企业及本文件印发后 3 个月内获得用地审批或建设工程规划许可的在建项目，按已确定的用途使用土地。

四、推动汽车平行进口持续健康发展

（九）支持汽车整车进口口岸地区开展汽车平行进口业务，经省级人民政府批

准汽车平行进口工作方案并报商务部备案，汽车整车进口口岸即可开展汽车平行进口业务。完善平行进口汽车强制性产品认证和信息公开制度，允许企业对进口车型持续符合国六排放标准作出承诺，在环保信息公开环节，延续执行对平行进口汽车车载诊断系统（OBD）试验和数据信息的有关政策要求。

五、优化汽车使用环境

（十）推进城市停车设施建设，切实提升城市停车设施有效供给水平，加快应用新技术、新模式，推动停车资源共享和供需匹配。新建居住区严格按照城市停车规划和完整居住社区建设标准建设停车设施。结合城镇老旧小区改造等城市更新行动，积极扩建、新建停车设施。合理利用人防工程、公园绿地地下空间等，挖潜增建停车设施。各地要完善停车收费政策，强化资金用地政策支持，加大力度使用地方债支持符合条件的停车设施建设。

（十一）发展汽车文化旅游等消费，在用地等方面支持汽车运动赛事、汽车自驾运动营地等项目建设运营，研究制定传统经典车辆认定条件，促进展示、收藏、交易、赛事等传统经典车相关产业及汽车文化发展。

六、丰富汽车金融服务

（十二）鼓励金融机构在依法合规、风险可控的前提下，合理确定首付比例、贷款利率、还款期限，加大汽车消费信贷支持。有序发展汽车融资租赁，鼓励汽车生产企业、销售企业与融资租赁企业加强合作，增加金融服务供给。

各地区、各有关部门要切实加强组织领导，按职责细化工作举措，推动相关政策措施尽快落地见效，进一步促进汽车消费回升和潜力释放。

商务部等部委办局
2022 年 7 月 5 日

商务部等 13 部门关于促进绿色智能家电
消费若干措施的通知

（商流通发〔2022〕107 号）

各省、自治区、直辖市人民政府，新疆生产建设兵团：

为贯彻落实党中央、国务院决策部署，补齐家电市场短板，打通家电消费堵点，满足人民群众对低碳、绿色、智能、时尚家电消费升级需求，拉动家电及上下游关联产业发展，助力稳定宏观经济大盘，更好服务构建新发展格局，经国务院同意，现将有关事项通知如下：

一、开展全国家电"以旧换新"活动

各地要发挥政府部门、行业协会、电商平台和家电生产、流通、回收企业等各方面作用，通过政府支持、企业促销等方式，开展家电"以旧换新"活动，全面促进智能冰箱、洗衣机、空调、超高清电视、手机以及智慧厨卫、智能安防、智能办公、智慧康养等绿色智能家电消费。各地可结合实际探索促进废旧家电回收行业发展，对相关车辆进社区给予保障，便利居民交售废旧家电。鼓励企业上门回收、免费拆装。鼓励有条件的地方通过现有资金渠道给予政策支持，不得设置不合理和歧视性的准入、退出条件，扩大政策覆盖面，丰富消费者选择。

二、推进绿色智能家电下乡

各地可统筹用好县域商业建设行动等相关资金，积极引导企业以县城、乡镇为重点，改造提升家电销售网络、仓储配送中心、售后维修和家电回收等服务网点。鼓励家电生产和流通企业开发适应农村市场特点和老年人消费需求的绿色智能家电产品。鼓励有条件的地方对购买绿色智能家电产品给予相关政策支持。

三、鼓励基本装修交房和家电租赁

引导保障性租赁住房实行简约、环保的基本装修，鼓励配置基本家电产品。积极开展家电租赁业务，满足新市民、青年人等群体消费需求。

四、拓展消费场景提升消费体验

统筹举办家电消费季、家电网购节等各类消费促进活动。推动实体商业与电商平台全渠道融合，开展家电新品首发、首秀体验活动，打造沉浸式、体验式、一站式家电消费新场景。开展智慧商圈、智慧商店、绿色商场示范创建，扩大城市一刻钟便民生活圈试点，提升绿色智能家电消费体验。组织行业协会、消费者协会等开展家电更新消费公益宣传行动，普及超期使用家电危害知识，传播绿色智能、安全健康的消费理念。

五、优化绿色智能家电供给

完善绿色智能家电标准，推行绿色家电、智能家电、物联网等高端品质认证，为绿色智能家电消费提供指引。深入实施数字化助力消费品工业"三品"行动。推进智能家电产品及插头、充电器、遥控器等配件标准开放融合、相互兼容、互联互通。加快发展数字家庭，推广互联网智能家电全场景应用。鼓励发展反向定制（C2M）、个性化设计、柔性化生产和智能制造。用好中国国际进口博览会、中国进出口商品交易会、中国国际消费品博览会等重要平台，便利国际优质家电产品进入中国市场。

六、实施家电售后服务提升行动

完善家电配送、安装、维修服务标准，推动全链条服务标准化。培育一批售后服务领跑企业，提升售后维修人员服务水平，推动售后维修服务进社区、进商场、进平台，提升专业化、标准化、便利化水平。培育家电领域供应链创新与应用示范企业。强化消费者权益保护，全面推行消费争议先行赔付，引导商家积极开展无理由退货承诺。

七、加强废旧家电回收利用

推动家电生产企业开展回收目标责任制行动，依托产品销售维修服务网络，通过自建或合作共建等方式，构建废旧家电逆向回收体系。各地要加快废旧物资循环利用体系建设，强化政策保障，支持家电回收网点、绿色分拣中心建设。

八、加强基础设施支撑

全面实施千兆光纤网络部署工程，深入推进5G（第五代移动通信）应用"扬帆"行动计划，夯实智能家电应用网络基础。加快推进高清、超高清智能机顶盒普及应用，丰富电视内容供给，提升网络传输能力。加快城镇老旧小区改造，实施农村电网巩固提升工程，加大用电、用水、用气、用网保障力度。

九、落实财税金融政策

全面落实增值税留抵退税政策，切实减轻家电流通企业资金压力。加大对符合政策的绿色家电政府采购力度，发挥示范引领作用。引导金融机构提升服务能力，加大对中小微企业的金融支持力度，在依法合规、风险可控、商业可持续的前提下，加强对绿色智能家电生产、服务和消费的支持。倡导生产企业投保产品质量安全相关保险。

各地要加强组织领导，细化实施方案，调动整合资源，压实各方责任，抓好具体落实。要坚决维护全国统一开放大市场，注重用市场化、可持续办法扩大消费，充分发挥各类市场主体作用，切实保障公平竞争。商务部会同有关部门加强统筹协调，跟踪落实情况，及时通报工作进展，推动相关政策措施尽快落地见效，促进家电消费持续恢复。

商务部等部委办局

2022 年 7 月 28 日

图书在版编目（CIP）数据

2023 中国零售业发展报告 / 李殿禹主编 . -- 北京：
中国商业出版社，2023.10
ISBN 978-7-5208-2610-5

Ⅰ.①2… Ⅱ.①李… Ⅲ.①零售业-经济发展-研
究报告-中国-2023 Ⅳ.①F724.2

中国国家版本馆 CIP 数据核字（2023）第 170251 号

责任编辑：杨善红

策划编辑：刘万庆

中国商业出版社出版发行

（www.zgsycb.com 100053 北京广安门内报国寺 1 号）

总编室：010-63180647 编辑室：010-83118925

发行部：010-83120835/8286

新华书店经销

三河市天润建兴印务有限公司印刷

＊

787 毫米×1092 毫米 16 开 9 印张 140 千字

2023 年 10 月第 1 版 2023 年 10 月第 1 次印刷

定价：68.00 元

＊ ＊ ＊ ＊

（如有印装质量问题可更换）